Pascal Voggenhuber

Entdecke Deinen Geistführer

Wie uns Engel und geistige Wesen begleiten

Ullstein

Besuchen Sie uns im Internet:
www.ullstein-taschenbuch.de

Allegria im Ullstein Taschenbuch
Herausgegeben von Michael Görden

Ullstein Taschenbuch ist ein Verlag der Ullstein Buchverlage GmbH
Neuausgabe im Ullstein Taschenbuch
1. Auflage April 2012
5. Auflage 2013
© 2012 by Ullstein Buchverlage GmbH, Berlin
© der Originalausgabe 2009 by Giger Verlag GmbH,
CH-8852 Altendorf
Umschlaggestaltung: FranklDesign, München
Umschlagillustration: Roland Poferl/Shivananda Ackermann
Papier: Pamo Super von Arctic Paper Mochenwangen GmbH
Druck und Bindearbeiten: GGP Media GmbH, Pößneck
Printed in Germany
ISBN: 978-3-548-74548-0

Ich widme dieses Buch Gott,
meinen Lehrern und Freunden aus
der Geistigen Welt und der Physischen Welt.
Außerdem allen Menschen, denen ich
begegnen durfte, und danke,
dass ich täglich von
euch lernen darf.

Inhaltsverzeichnis

Ich suchte dich
(Raga)

Ich suchte, doch konnte dich nicht finden.
Ich rief laut nach dir vom Minarett.
Ich läutete die Tempelglocke mit dem Aufgang und
                              Untergang der Sonne.
Ich nahm ein Bad im Ganges, vergebens.
Ich kam von der Kaaba zurück, enttäuscht.
Ich sah mich um nach dir auf Erden.
Ich suchte nach dir im Himmel, mein Geliebter,
doch endlich habe ich dich gefunden –
als verborgene Perle in der Muschel meines Herzens.

Hazrat Inayat Khan

Vorwort

Ich saß wieder einmal an meinem Laptop und schrieb ein Buch. Es war Februar 2009, und ich hätte nicht gedacht, dass ich so schnell wieder ein neues schreiben würde. Eigentlich wollte ich mindestens zwei Jahre lang keines schreiben. Doch wie es manchmal so ist, kommt alles ganz anders. Ich war gerade in München und feierte meinen Geburtstag, als mir plötzlich aus heiterem Himmel das Thema für mein neues Buch in den Sinn kam. Es war wohl ein Geburtstagsgeschenk aus der Geistigen Welt oder vielleicht auch nur Zufall, falls es das gibt, jedenfalls wurde mir plötzlich bewusst, dass ich ein Buch über Geistführer und Schutzengel schreiben sollte. Ehrlich gesagt, fand ich dieses Thema nicht so gut, da es dazu meiner Meinung nach schon viel zuviel gibt. Aber ich fühlte es so stark, dass ich etwas über Geistführer schreiben müsse, dass es für mich keinen Zweifel gibt, ob dieses Buch wichtig ist. Meiner Meinung nach wird mein Buch eine neue Perspektive in das Thema »Geistführer« bringen. Die Menschen haben so großes Interesse an dem Thema, das sehe ich auch bei meinen Seminaren, daher glaube ich, dass dieses Buch vielen helfen kann, die Verbindung zu ihren Geistführern/Engeln noch zu vertiefen.

Wie in allen meinen Büchern werde ich versuchen, dir, meinem lieben Leser, das Thema so einfach wie möglich zu erklären. Wie immer sage ich einfach du; da wir zusammen auf eine Reise gehen, ist es leichter, wenn man sich duzt. Ich werde immer von Lesern sprechen oder die männliche Schreibweise benutzen, damit sind aber auch meine Leserinnen gemeint, es ist nur vom Lesefluss her einfacher. Meine lieben Frauen, verzeiht es mir bitte.

Solltest du schon meine anderen Bücher gelesen haben, ist dir mein Schreibstil sicherlich bekannt. Ich möchte dir danken, dass du mit mir auf diese spannende Reise gehst. Sie führt zu den Geistigen Wesen, und wenn du dich mit vollem Herzen auf diese Reise begibst, wirst du einen weiten Weg in andere Dimensionen machen, damit du am Schluss bei dir selbst ankommen kannst. Danke, dass ich dich begleiten darf, danke für dein Vertrauen und für dein Bewusst-Sein.

Einführung

Der Ablauf in diesem Buch ist mit Absicht gewählt. Ich empfehle dir daher, dieses Buch von Anfang an zu lesen und nicht in der Mitte anzufangen. Bitte lies es auch nicht einfach durch, sondern erlebe es Schritt für Schritt. Du findest in diesem Buch einige Übungen. Immer, wenn du beim Lesen zu so einer Übung kommst, mach bitte erst die Übung und lies dann weiter. Sonst kann es sein, dass du später die Übungen nicht mehr machen kannst, weil dir dein Kopf im Weg steht. Ich denke, wir haben schon genug Probleme damit, unsere Gedanken ruhigzustellen, also mach es dir nicht unnötig schwer. Ich bin davon überzeugt, wenn du dich an den Ablauf hältst, wirst du sehr schnell erste Erfahrungen mit deinem Geistführer machen.

Die Übungen und den Ablauf habe ich bereits bei vielen Hundert Kursteilnehmern erfolgreich erprobt. Die Leser, die einfach nur Informationen über Geistführer und Geistwesen erhalten möchten, können über die Übungen hinweglesen oder die Übungen überspringen. Aber bitte bedenke, die Geistige Welt ist nichts, was du mit dem Kopf verstehen kannst, du kannst sie nur erfahren. Die Nur-Leser bekommen einfach nur Informationen. Während die, die sich auf die Reise einlassen und dieses Buch erleben, mehr als nur Informationen erhalten. Es ist mir unmöglich, dir zu sagen, was du bekommen wirst, das hängt ebenso von dir ab, auch möchte ich keine Versprechungen machen, denn du sollst deinen Geistführer nicht kennenlernen wollen, weil du dir von ihm etwas erhoffst, sondern weil du einen Freund erhalten möchtest.

Denke nicht daran, was du bekommen wirst, dann wirst du reich beschenkt werden. Später wirst du verstehen, was ich damit meine, wenn ich sage, dass dieses Buch mehr als nur Informationen enthält. Aber du wirst es nur erfahren, wenn du bereit dafür bist und dein Herz öffnest; und vor allem, wenn du dir auch ein bisschen Zeit nimmst und die Übungen öfter machst. Denn leider heißt es auch hier: Von nichts kommt nichts!

Ich weiß, dieses Buch wird dich verändern, aber nur, wenn du es zulässt. Genieße diese Reise und lass dich ganz darauf ein, dann werden wir viel Freude erfahren dürfen. Ich freue mich, dass ich mit dir auf dieser Reise bin. Noch etwas Wichtiges – und das ist mir wirklich sehr wichtig: Alles, was ich in diesem Buch beschreibe, ist meine persönliche Wahrnehmung, und das heißt nicht, dass diese Wahrnehmung die einzig richtige ist! Sie ist im Moment für mich persönlich richtig, aber das muss nicht heißen, dass es auch für dich die richtigen Worte sind. Nicht die Wahrheit zu »predigen« ist für mich wichtig, sondern dass du dir Gedanken machst zum Thema »Geistige Welt«, nicht mehr, aber auch nicht weniger. Ich hoffe und wünsche, dass du deine persönliche Wahrheit findest und nicht einfach meine übernimmst.

Bitte ziehe einfach aus meinen Zeilen, was sich für dich als richtig anfühlt, was dir helfen kann. Ich kann nicht garantieren, dass alles richtig ist, was ich schreibe. Hör auf deine innere Stimme, auf deine Geistführer, die werden dir zeigen, was an meinem Buch für dich stimmt und was nicht. Ich bin kein Prophet und kein Guru, ich bin einfach ich und beschreibe hier, was ich erfahren habe oder was mir hilft, um die Verbindung zu den Geistführern zu vertiefen, doch das bedeutet nicht, dass das der einzige Weg ist. Es gibt so viele Wege, wie es Seelen gibt.

Auch werde ich mich immer mal wieder im Gegensatz zu meinen früheren Büchern und Botschaften widersprechen. Das sollte dich nicht beunruhigen, sondern es zeigt dir, dass ich mich immer noch auf dem Weg zur Erkenntnis befinde. Ich lerne jeden Tag viel Neues, und ich habe keine Angst davor, mich öffentlich zu widersprechen.

Du wirst auch bemerken, dass ich mich in einigen Teilen des Buches wiederhole, das ist bewusst so gemacht, damit die Informationen wirklich bei dir ankommen. Wenn ich von Geistwesen spreche, meine ich damit alle Wesenheiten in der Geistigen Welt. Doch genug davon, jetzt machen wir uns auf und genießen die Reise zu unseren Geistführern.

Wer ich bin

Trotz meiner zwei Bücher, vielen Zeitungsartikeln und Fernsehauftritten kann ich nicht davon ausgehen, dass mich alle Leser kennen. Deswegen möchte ich mich hier kurz den neuen Lesern vorstellen, auch wenn ich als Person in diesem Buch nicht so wichtig bin. Aber ich finde, man sollte schon wissen, mit wem man auf eine Reise geht, gerade weil diese Reise sehr viel Vertrauen bedarf. Wer sich für meinen Werdegang interessiert, dem empfehle ich mein Buch *Leben in zwei Welten*. Ich bin in der Schweiz das jüngste ausgebildete Medium, geboren 1980. Ich bin ein Medium, das heißt, dass ich mit Verstorbenen, Engeln und Geistführern in Verbindung treten kann. Das konnte ich schon als Kind, dennoch habe ich eine jahrelange intensive Ausbildung gemacht und besuche immer noch regelmäßig Fortbildungen, denn ausgelernt hat man in diesem Bereich nie. Ich finde eine seriöse Ausbildung unheimlich wichtig, weil wir eine große Verantwortung haben. Alles, was ich während einer Beratung erzähle, kann dem Klienten helfen, »Heilung« zu finden. In diesem Buch werde ich hauptsächlich auf Geistführer und Engel eingehen. Wer sich für Jenseitskontakte interessiert, also für Kontakte zu Verstorbenen, dem empfehle ich mein zweites Buch *Nachricht aus dem Jenseits.*

Ich habe schon sehr früh meine Medialität entdeckt und seit ich klar denken kann mit »Freunden« in der

Geistigen Welt kommuniziert. Ich hätte nie gedacht, dass ich das einmal zu meinem Beruf machen werde.

Zu dem Thema dieses Buches gebe ich keine Einzelsitzungen, sondern nur Seminare, da ich der Meinung bin, dass man diese Energien nur selbst erfahren kann und sie nicht durch ein Medium vermittelt werden können. Das heißt nicht, dass ein Medium keine Informationen von Geistführern oder Engeln weitergeben kann, das mache ich, wenn es sein darf. Aber würde ich Engel-Beratungen anbieten, würden viele Menschen kommen und wissen wollen: »Wie sieht mein Engel aus? Wie heißt er? Findet es mein Schutzengel gut, wenn wir umziehen? Frage mal meinen Geistführer, ob ich XY heiraten soll?«, aber diese Fragen kann man alle allein beantworten. Ich zeige dir hier, wie du selbst in Kontakt kommen kannst mit den Wesen in der Geistigen Welt, so dass du mich nicht mehr brauchst.

Was ich aber noch anbiete, ist Trance-Heilung. Eigentlich müsste ich hier sagen »mediale Trance-Heilung«, da ich mich für diese Heilbehandlungen in einen veränderten Bewusstseinszustand begebe, so dass die Geistige Welt durch mich arbeiten kann. Ich werde später noch auf die Trance-Heilung eingehen, da Heilung, egal ob jetzt durch Trance-Heilung oder durch Jenseitskontakte, für mich immer die Motivation meiner Arbeit war und ich hoffe, es auch immer bleibt.

Zeitreise durch die Engelwelt

Ich habe mir überlegt, dass ich mit diesem Kapitel beginne, da es für mich richtig spannend ist. Eigentlich haben, so weit man zurückdenken kann, die Menschen immer an Engel oder an Wesen aus der Geistigen Welt geglaubt. Hierzu möchte ich eine kleine Rundreise machen und hoffe, dass du diese Reise genau so spannend findest wie ich. Ich möchte mit dir in diverse Epochen, Zeiten und Länder reisen und schauen, ob und wie man dort an Engel oder Geistführer geglaubt hat. Ich werde nur wenige Orte mit dir besuchen können, aber es wird bestimmt spannend. Hier werde ich nicht unterscheiden zwischen Engel und Geistführer. Zuerst möchte ich mit dir betrachten, was Engel überhaupt heißt.

Engel heißt Bote, im Lateinischen »angelus«. Engel sind in vielen Religionen die Boten Gottes oder stehen Gott oder den Göttern zur Seite. Aber die Engel sind keine Götter, sondern Botschafter Gottes. Schon 2250 v. Chr. gab es bildliche Darstellungen von geflügelten Wesen, die als Mittler zwischen Gott und den Menschen dienten, und zwar fand man diese Darstellungen in Mesopotamien (Zweistromland, ungefähr im Gebiet des heutigen Irak, im Nordosten Syriens und Südosten der Türkei). Damals lagen zwischen den Flüssen Euphrat und Tigris die Stadtstaaten und Reiche der Sumerer, Babylonier, Aramäer und Assyrer. Die Babylonier, ca. 1831 v. Chr., glaubten, dass jeder einen persönlichen Schutzengel hat. Um 1500 v. Chr.

reichte der Einfluss von Ägypten bis nach Mesopotamien, man vermutet, dass die Idee, Gottheiten oder Schutzgenien mit Flügeln zu versehen, von dort nach Ägypten kam. Spannend ist auch, dass die meisten ägyptischen Gottheiten mit Flügeln weiblich waren, im Vorderen Orient war das nicht der Fall. Häufig wurden Isis, Nephtys, Neith und Selket mit Flügeln dargestellt. Isis und Nephtys fächerten mit ihren Flügeln dem toten Osiris Luft (Atem) zu, um ihm das Leben wiederzugeben. Sogar an den vier Ecken des Steinsarkophags Tutanchamuns fand man solche Darstellungen, sowie auf den Wandmalereien des Nefertari-Grabs im Tal der Königinnen. Gerade im alten Ägypten finden sich zahlreiche Beispiele von Engeln.

Um ca. 450 v. Chr. stellten die Griechen Engel auf Vasen dar. Man vermutet, dass die Griechen um ca. 600 v. Chr. die Engelbildnisse von den Ägyptern übernahmen. Ab ca. 800 v. Chr. war Juda Provinz des damaligen Weltreiches der Perser, die Anhänger des Zarathustra waren und Engel kannten, daher wurde der Glaube des jüdischen Volkes auch vom Zoroastrismus beeinflusst. Als dann die Römer kamen und ihr Weltreich errichteten, übernahmen sie vieles aus den Kulturen jener, die vor ihnen da waren, so auch die Engel, doch hat sich die Gestalt und die Funktion der Engel oft verändert. Bei den Römern glichen sie den Putten späterer Jahrhunderte. 1000 v. Chr. entstand das Alte Testament, soweit ich weiß, wurde es damals aber nur mündlich überliefert. Das Alte Testament bildet den Grundstein der drei Weltreligionen, so baut das Judentum, der Islam und das Christentum auf dem Alten Testament auf. Dort benutzte man nur selten den Begriff »Engel«, es ist eher die Rede von Gott dienenden Wesen wie Cherubim, Seraphim, Jajjoth, Bene ha-Elohim, Qedoshim, Irin, Sarim etc. Jahwe, der Gott Israels, erscheint hin und wieder Menschen in Engelsgestalt, so zum Beispiel Abraham und Mose im brennenden Dornbusch. Eine besondere Rolle spielt der »Engel des Herrn«, dieser ist Hagar, Abraham, Jakob, Moses, Dideon und Elija erschienen. Im Christentum, das ca. im 4. Jahrhundert nach Christus zur Staatsreligion wurde, hatte der Engelsglaube zu allen Zeiten eine zentrale Bedeutung. Ich denke, die meisten Leser werden mit dem Christentum vertraut sein, und daher brauche ich darauf nicht weiter einzugehen. Ich möchte lieber noch etwas über den Islam sagen, dass wir auch dort immer wieder auf die Engel stoßen. Die Engel sind im Islam die Boten Allahs, so wurde beispielsweise dem Propheten Mohammed durch Erzengel Gabriel der Koran übermittelt. Gabriel gilt im Judentum als Fürbitter und Schutzengel des Volkes Israel. Im Christentum hat er die Geburt Jesus an Maria verkündet. In der Geschichte des Propheten Mohammeds spielen Engel eine große Rolle, so wird berichtet, dass in seiner Kindheit zwei Engel erschienen, die die Brust des jungen Propheten öffneten und daraus einen dunklen Fleck entfernten, somit wurde alles Böse aus Mohammeds Seele entfernt.

Ein wichtiges Element im islamischen Glauben ist, das jeder Mensch hinter sich zwei Schreibengel hat. Einen, der alle guten, und einen, der alle bösen Taten der Menschen aufschreibt. Auf der rechten Seite ist der Engel, der alles Gute des Menschen, und auf der linken jener, der alles böse aufschreibt. Alle guten Taten werden sofort aufgeschrieben, der Engel auf der linken wartet noch, denn wenn ein Muslim seine Taten bereut und zum Ausgleich etwas Gutes tut, zum Beispiel beten, sich entschuldigen oder im Koran lesen, dann wird seine schlechte Tat nicht aufgeschrieben. Am Schluss des Lebens erscheinen dann beide Engel und präsentieren alle guten und alle schlechten Taten. Überwiegen die guten Taten, treten die Gläubigen ins Paradies ein, überwiegen die schlechten, so treten sie nach islamischen Glauben den Weg in die Hölle an. So, das war ein ganz kleiner Ausflug in die Geschichte der Engel.

Geschichte des Spiritismus
und bekannte Medien

Wenn man über Geistführer ein Buch schreibt, muss man automatisch den Spiritismus erwähnen und etwas auf ihn eingehen. Ich habe meine Ausbildung im typischen englischen Spiritismus absolviert, obschon ich selber kein Spiritist bin. Spiritismus kann man in England durchaus als Religion bezeichnen. Sie haben ihre eigene Kirche und auch eigene Gottesdienste. Am Arthur Findlay College, wo ich einen Teil meiner Ausbildung gemacht habe, werden die Kursbesucher im typisch englischen Spiritismus ausgebildet. Als spiritistisches Medium, wenn man zum Spiritismus konvertiert, hat man die Möglichkeit, nach der ganzen Ausbildung und allen Prüfungen Gottesdienste zu leiten. Man kann dann Hochzeiten, Taufen und Beerdigungen durchführen, so wie wir das von Priestern oder Pfarrern kennen, ein spiritistisches Medium in England hat damit dieselbe Aufgabe wie ein Priester. Um am Arthur Findlay Collage zu studieren, muss man aber nicht konvertieren, außer man möchte Diplomhalter, Zertifikathalter, Minister oder wie die ganzen Unterteilungen im Spiritismus auch alle heißen mögen werden. Dann ist man anerkannt von der SNU (Spiritualists' National Union). Inzwischen gibt es auch noch andere Orte in England und überall auf der Welt, die nach dem englischen Spiritismus Medien ausbilden. Fast in jeder spiritistischen Kirche gibt es Ausbildungszirkel und Übungsmöglichkeiten. Die wichtigste Botschaft des Spiritismus ist es, dass es ein Leben nach dem Tod gibt. Deswegen werden heute auch in jedem Gottesdienst (Service) Jenseitskontakte vermittelt. Das ist ein wichtiger Bestandteil der Feier.

Die ersten Anfänge des Spiritismus gehen auf den 31. März 1848 zurück, auf die Geschwister Kate und Margaret Fox. In einem kleinen Ort namens Hydesville begannen die Geschwister über Klopfgeräusche, die zuvor die Familie immer wieder belästigt hatten, in Kontakt zu treten, und sie bekamen Antwort aus dem Jenseits. Trotz langer Suche, ob die Klopfgeräusche einen natürlichen Ursprung haben könnten, fand man nichts. An jenem 31. März entdeckten die Geschwister, dass sie es mit einem Geistwesen zu tun hatten. Aus Spaß hatte die jüngere Schwester mehrmals mit den Fingern geschnippt und gesagt: »Hallo, Gevatter Bocksfuß, mach es mir nach.« Als Antwort hörte Kate so viele Klopfgeräusche wie sie mit den Fingern geschnippst hatte. Die Mutter der beiden Mädchen, die auch im Zimmer war, bekam einen Riesenschrecken. Denn unter dem Gevatter Bocksfuß verstand man den Leibhaftigen, den Teufel. Doch Kate hatte keine Angst, sie schnippste und als Antwort bekam sie wieder dieselbe Anzahl Klopfgeräusche zurück. Nach einiger Zeit musste sie sogar nur noch so tun, als würde sie schnippsen, und die richtige Anzahl Klopfgeräusche war hörbar. Schon sehr bald war die ganze Familie Fox davon überzeugt, dass die Klopfgeräusche nicht vom Teufel, sondern von einem Geistwesen kamen. In Windeseile verbreitete sich die Nachricht, dass die Fox-Geschwister mit dem Jenseits kommunizieren könnten. Bald drängten sich bis zu dreihundert Menschen in die Wohnung, um dem Geistwesen Fragen zu stellen, und die meisten wurden richtig beantwortet. Die Schwestern hatten einen Klopfcode ausgearbeitet, der ihnen half, genauere Botschaften zu empfangen. Die Menschen reisten in Scharen zu dem kleinen Ort, und der Trubel wurde dermaßen groß, dass sich die Eltern entschieden, die Schwestern fortzuschicken, damit sie in Ruhe aufwachsen konnten. Kate wurde nach Auburg zu ihrem Bruder und Margaret nach Rochester zu ihrer älteren Schwester geschickt. Doch auch das konnte die Popularität der Schwestern nicht stoppen. Während der Zeit in Rochester entdeckte Margaret das automatische Schreiben. Das hatte den enormen Vorteil, dass sie nicht mehr mühsam den Klopfcode entschlüsseln mussten, sondern alles sehr schnell und einfach aufgeschrieben hatten. Im November 1849 wurden die ersten großen Auftritte für Margaret organisiert, in der Corinthian Hall, die Halle wurde für drei Abende gemietet und war jeden Abend brechend voll, obwohl ein Eintritt von fünfundzwanzig Cent verlangt wurde. Schon nach dem ersten Abend gab es Untersuchungen, die feststellen sollten, ob Betrug im Spiel war, am zweiten Tag sollten die Untersuchungsergebnisse vor der Vorführung von Margaret vorgestellt werden. Das Komitee konnte aber nichts anderes sagen als: »Wir konnten keinen Betrug feststellen, falls doch Betrug im Spiel gewesen ist, konnten wir diesen nicht entdecken.« Nur war damit niemand zufrieden, und ein zweites Komitee wurde zusammengestellt. Doch auch dieses konnte keinen Betrug feststellen, und auch bei einem dritten Versuch gelang es dem Komitee nicht. Die Bekanntheit der Schwestern Fox wuchs immer mehr, und sie gingen sogar auf Tournee durch alle großen Städte. Viele Menschen wurde durch die

Fox-Schwestern auf das Übersinnliche aufmerksam und entdeckten dabei ihre eigenen übersinnlichen Fähigkeiten, damals kamen Séancen regelrecht in Mode. Der eigentliche Sinn solcher Séancen war die Kommunikation mit Verstorbenen oder Geistführern, doch viele Menschen nahmen teil, weil es unterhaltsam war. Aber jene, die die Möglichkeit hatten, Näheres zu erfahren, wurden danach überzeugte Spiritisten. Auch viele berühmte Menschen fanden den Weg zum Spiritismus, so zum Beispiel die Frau von Abraham Lincoln nach dem Tod ihres Sohnes. Einige sagen sogar, dass sich Abraham Lincoln auch dafür interessierte. Sicher ist, dass er an Séancen und öffentlichen Auftritten von Medien teilgenommen hat, und es gibt Quellen, die sagen sogar, dass im Weißen Haus Séancen abgehalten wurden.

Der Spiritismus kam über Amerika nach England und verbreitete sich dort genauso schnell. Auch das Interesse der Wissenschaft wurde immer mehr für das Übersinnliche geweckt. Es wurde sogar 1882 das Society for Psychical Research (ein Verein zu Erforschung parapsychologischer Phänomene) gegründet. Jemand, der auch sehr viel für den Spiritismus getan hat, ist Allan Kardec (3. Oktober 1804 bis 31. März 1869), sein richtiger Name war Hippolyte Léon Denizard Rivail. Er hat einige spannende Bücher zum Thema »Medialität und Spiritismus« geschrieben. Einiges ist meiner Meinung nach überholt, doch sind sie für jeden, der sich für Spiritismus interessiert, eine wertvolle Quelle. Natürlich gab es auch Feinde des Spiritismus und solche, die unbedingt beweisen wollten, dass es keine übersinnlichen Fähigkeiten gäbe, sondern alles nur Zaubertricks und Betrug sei. Einer von ihnen war der berühmte Magier Harry Houdini, über den es jetzt einen neuen Spielfilm gibt. Nach dem Tod seiner Mutter wollte er um alles in der Welt Kontakt zu seiner Mutter aufnehmen. Doch wohin er sich auch wandte, stieß er auf betrügerische Medien. Das machte ihn so wütend, dass er es als seine Pflicht ansah, für den Rest seines Lebens Medien zu entlarven. Leider gab und gibt es immer noch Medien, die betrügen oder nur mal das schnelle Geld machen wollen. Allerdings sollte man auch sehen, dass man vielleicht mit Zaubertricks viel nachmachen kann, was ein Medium macht, aber nur, weil man es nachmachen kann, heißt das noch lange nicht, dass man betrügt. Auch heute noch gibt es viele Zauberer, wie zum Beispiel James Randi, der dir eine Million Dollar verspricht, wenn du beweisen kannst, dass du übersinnliche Fähigkeiten hast. Nur halte ich seine Testverfahren für genauso unseriös wie manche Arbeit von gewissen Medien. Wie soll ein Zauberer überprüfen, was ich mache? Das ist ja dasselbe, als wenn ein Metzger die Arbeit eines Chirurgen überprüfen würde. An diesem Beispiel merkt jeder ganz schnell, wie schwierig es ist. Viele werden auch nicht zu diesem Test zugelassen, lustigerweise meistens die, die einen sehr glaubwürdigen Eindruck machten.

Kommen wir zurück zum Thema, ich möchte hier noch kurz über einige bekannte Medien schreiben. Mit Sicherheit eines der berühmtesten ist Daniel Dunglas Home (1833–1886). Home stand als Medium sehr lange unter Beobachtung, er ist wohl eins der meistgeprüften Medien, und dennoch konnte in seinen Séancen nie Betrug festgestellt werden. Schon als Kind mit dreizehn Jahren entdeckte er seine mediale

Begabung. Er sah den Tod eines Schulfreunds und seiner Mutter voraus. Er wuchs bei seiner Tante auf. Immer wieder hörte sie Klopfgeräusche aus Daniels Zimmer, und sie war überzeugt, dass er vom Teufel besessen war. Home reiste später umher und traf viele Menschen, die ihm halfen, seine Begabung zu entwickeln. Am bekanntesten wurde er durch Vorführen paranormaler Künste wie beispielsweise der Levitation (Schweben) von Personen und Gegenständen, seiner Feuerunempfindlichkeit und Elongation. Trotz vieler Skeptiker konnte ihm nie Betrug nachgewiesen werden. Vor allem der am Spiritismus interessierte prominente Wissenschaftler William Crookes erklärte Homes Fähigkeiten nach ausführlichen Experimenten als authentisch. Nach dem Tod von Home wollte der Magier Harry Houdini beweisen, dass Home ein Betrüger gewesen war, indem er die Effekte kopierte, doch auch er konnte den Beweis nie erbringen. Daniel Dunglas Home ist sicher ein sehr faszinierendes Medium gewesen, und aufgrund seines Talents liegt es sehr nahe, ihn für einen Betrüger zu halten und nicht für einen Menschen, der durch die Geistige Welt solche Phänomene erzeugen kann. Er brachte Tische zum Schweben, Menschen, ja sogar sich selbst. Er hielt glühende Kohle in den Händen und holte sie sogar aus dem Feuer. Wenn er gefesselt wurde, zum Beispiel für wissenschaftliche Untersuchungen, war er innerhalb von Sekunden wieder davon befreit. Seine spektakulärste Levitation war die im Dezember 1868 am Ashley Place. Home ging in einer Londoner Wohnung in Trance. In Trance ging er in das Zimmer nebenan und öffnete dort das Fenster. Dann levitierte er sich aus dem Fenster hinaus und kam durch das Fenster ins erste Zimmer zurück. Dort saßen drei Teilnehmer der Sitzung. Niemand konnte eine Erklärung dafür finden, denn der Abstand zwischen den Fenstern betrug zwei Meter zwanzig, und sie waren gut einundzwanzig Meter über der Erde, auch waren die Fenstersimse nur zehn Zentimeter breit, somit war ein Trick sehr unwahrscheinlich. Ich merke gerade, ich könnte ein ganzes Buch über Daniel Dunglas Home schreiben, doch das ist nicht mein Thema.

Ein anderes berühmtes Medium ist sicher Edgar Cayce (1877–1945), bekannter unter dem Namen »Der schlafende Prophet«, auch über ihn gibt es unzählige Aufzeichnungen und auch ihm konnte nie Betrug nachgewiesen werden. Er war bekannt als ein sehr scheuer, bescheidener Menschenfreund, und zu seinem Talent gehörte es, ganz genaue medizinische Diagnosen zu stellen, obwohl er im Wachbewusstsein keine Ahnung von Medizin hatte. Er ist bestimmt einer der bekanntesten Heiler bis heute. Er sagte immer wieder, dass nicht er das Wissen besitze, sondern die Wesenheit, die durch ihn spricht.

Florence Cook lebte von 1856–1904 in England. Sie wurde als Medium berühmt, da sie das Geistwesen, mit dem sie zusammenarbeitete, es hieß Katie King, fotografieren ließ. Florence Cook konnte Materalisationen durch Ektoplasma erzeugen. Die Geistigen Wesen nutzten das Ektoplasma, um sich einen Körper zu formen, und so konnte der Geistführer von Florence fotografiert werden. Ektoplasma ist ein Stoff, der aus den Körperöffnungen eines Mediums austritt. Er ist meist weiß-grau und zieht leichte Fäden, doch kann er sich bei vollständiger Materialisation auch verfestigen. Ich habe Menschen getroffen, die das Glück hatten, Materialisationen mitzuerleben, bei einem hat sich eine Geisterhand gebildet, und er erzählte mir, dass sich diese Hand anfühlte wie eine echte Hand. Ich konnte am Arthur Findlay College Ektoplasma besichtigen, allerdings im Museum und nicht bei einer Demonstration, auch Fotos des Geistwesens Katie King sah ich dort. Heute gibt es fast keine Materialisations-Medien mehr. Florence Cook war ein sehr gutes Materialisations-Medium, und auch sie wurde vielen Tests unterzogen.

Dies war nur ein kleiner Auszug der bekannten Medien aus der Vergangenheit, doch auch heute gibt es viele bekannte und gute Medien. Einer, den ich sehr bewundere und der heute sicher zu den besten Medien zählt, ist Gordon Smith (Schottland), ich kann jedem nur seine Bücher empfehlen. Was ich bis jetzt von ihm gesehen habe, hat mich sehr überzeugt, und er besitzt eine Menge Humor. Ein anderes sehr bekanntes Medium ist John Edwards (USA), er ist sicher neben James van Praagh (USA) eines der bekanntesten Medien der USA, und er gehört ebenso zu jenen, die man sich merken sollte. Natürlich ist auch James van Praagh eines der Medien, das man sich merken sollte. Er hat viele spannende Bücher geschrieben und ist der Produzent von »Ghost Whisperer«, einer Fernsehserie. Ich finde es allerdings sehr schade, dass die Serie wenig von dem zeigt, was ein Medium wirklich macht, und eher die Angst vor bösen Geistern bei den Menschen hervorruft, statt sie ihnen zu nehmen. Auch schreibt er immer wieder von Wesenheiten, die scheinbar nicht im Licht sind. Das finde ich schade, da lässt er sich meiner Meinung nach eher davon manipulieren, was die Menschen sehen wollen.

Hierarchie in der Geistigen Welt

Ich nehme keine Hierarchie in der Geistigen Welt wahr, und doch weiß ich, dass der Mensch zumeist eine Gliederung braucht. Wir denken immer noch in Strukturen, daher kommt das Gefühl von diversen Ebenen oder Stufen, aber diese existieren im Grunde nicht, da es dort keinen Raum und keine Zeit gibt, sie wären auch nicht möglich; dennoch wird es einigen Medien so von der Geistigen Welt vermittelt. Wer hat jetzt Recht? Diese Frage ist nicht leicht zu beantworten, aber ich denke, die Unterteilung in Stufen oder Dimensionen ist für uns eine Möglichkeit, eine für unser Gehirn »unlogische« oder besser gesagt unfassbare Welt logisch zu erfassen. Im Grunde können wir mit den Begriffen »raum-« und »zeitlos« etwas anfangen, aber unser Gehirn kann es nicht umsetzen oder wirklich begreifen. Meine Geistführer erklären mir eher das Gegenteil, dass in der Geistigen Welt eben nicht mehr gewertet wird zwischen höher und tiefer oder besser und weniger gut, daher würden Stufen oder Dimensionen keinen Sinn machen.

Trotzdem möchte ich eine kleine Unterteilung vornehmen, um dir das Ganze zu vereinfachen. Diese Unterteilung ist keine qualitative, sondern soll uns nur helfen, die Geistige Welt mit unserer Logik zu verstehen. Noch einmal, diese Unterteilung dient nur dazu, alles besser zu verstehen, und nicht, um die Qualität der einzelnen Wesen zu bestimmen. Und wir dürfen nicht vergessen, dass auch wir nichts anderes als

Geistwesen sind, nur dass wir noch in einem Körper inkarniert sind.

Kurz ein Wort zu Gott, er kommt bei den folgenden Erklärungen der Geistigen Welt nicht vor, weil ich der Meinung bin, dass Gott etwas so Großes ist, das man nicht mit Worten erklären kann. Würde ich es probieren, könnte ich ihm nie gerecht werden. Unsere Sprache ist unbrauchbar, um Gott oder etwas wahrlich Göttliches zu erklären. Außerdem ist Gott für jeden Menschen etwas sehr Persönliches, und Gott kann man nur erfahren und nicht erklären. In diesem Buch werde ich hauptsächlich auf die Geistführer eingehen, aber ich möchte auf den folgenden Seiten auch die anderen Wesenheiten der Geistigen Welt beschreiben.

Verstorbene

Als Erstes möchte ich auf die Verstorbenen eingehen. Meine Hauptarbeit sind Jenseitskontakte zu verstorbenen Angehörigen. Diese Kontakte können bei der Trauerverarbeitung für die Angehörigen eine enorm große Hilfe sein. Wichtig ist zu wissen, dass das Bewusstsein eines Verstorbenen noch dasselbe ist wie hier auf der Erde. Verstorbene sind nicht plötzlich erleuchtet oder allwissend, ein Punkt, den viele manchmal nicht sehen, wenn sie in eine Beratung kommen. Verstorbene können uns nicht wirklich bei unseren Problemen helfen, ein verstorbener Vater kann seinem Sohn oder seiner Tochter einen Tipp geben, was er an seiner/ihrer Stelle tun würde, aber dieser Tipp ist die Hilfe eines Vaters und nicht der einer erleuchteten Wesenheit aus der Geistigen Welt.

Natürlich entwickeln sich auch die Verstorbenen in der Geistigen Welt weiter und werden weiser, aber diese Entwicklung braucht Zeit. Ich werde oft gefragt, ob ein Verstorbener nicht der Schutzengel einer noch lebenden Person werden kann. Die Antwort ist ein ganz klares Nein! Aber das heißt nicht, dass ein Verstorbener uns nicht von der Geistigen Welt aus unterstützt und hilft, nur ist er vom Bewusstsein her noch nicht so weit wie ein Schutzengel. Wenn du aber das Gefühl hast, lieber Leser, ein Verstorbener ist dein Schutzengel, dann ist das auch in Ordnung! Nur wisse, im Grunde ist es nicht so, aber wenn dich diese Gedanken trösten und dir helfen, dann ist es richtig. Auch bin ich überzeugt, dass es Verstorbene gibt, die eine ähnliche Aufgabe haben wie ein Schutzengel, und das führt uns gleich zur nächsten Kategorie.

Geisthelfer
Als Nächstes gibt es Geisthelfer, das sind auch Verstorbene, aber solche, die sehr oft um lebende Personen sind und sie unterstützen. Für mich ist mein Vater ein geistiger Helfer. Auch wenn sein Bewusstsein nicht höher ist, als es auf der Erde war. Er ist jedoch ständig bei mir, unterstützt mich und schaut, dass es mir gutgeht, so wie ein Vater auf seinen Sohn aufpasst. Andere Verstorbene kommen nur ab und an mal vorbei, aber nehmen nicht wirklich »aktiv« an meinem Leben teil. Deswegen mache ich hier einen Unterschied zwischen verstorbenen und geistigen Helfern oder eben Geisthelfern. Da die Geisthelfer aktiv an unserem Leben teilnehmen und ab und an sogar bei unserer Entwicklung helfen, können wir sie auch als eine Art Schutzengel bezeichnen. Vielleicht kommt es daher, dass viele das Gefühl haben, ein

Verstorbener sei ihr Schutzengel. Das ist er zwar nicht, aber er kann uns aus der Geistigen Welt unterstützen.

Mein Vater ist ein Geisthelfer für mich. Obschon er zu Lebzeiten keine Ahnung von Medialität hatte, hilft er mir jetzt bei der Entwicklung meiner Medialität. Das kann er, weil auch er sich in der Geistigen Welt weiterentwickelt hat. Der große Unterschied zwischen Verstorbenen und Geisthelfern ist nicht das entwickelte Bewusstsein, sondern wie oft sie bei uns sind. Mein Großvater kommt zum Beispiel nur sehr selten bei mir vorbei, deswegen gehört er für mich in die Kategorie »Verstorbene«, während andere, die oft oder täglich bei uns oder in diesem Fall bei mir sind, in die Kategorie »Geisthelfer« gehören.

Engel
Du hast ja schon ein bisschen was über Engel in diesem Buch erfahren. Häufig werde ich gefragt, was denn genau der Unterschied zwischen einem Engel und einem Geistführer sei, vor allem da vielfach Engel und Geistführer als dasselbe beschrieben werden. Auch ich erkläre es manchmal so, da es einfacher ist zu verstehen. Im Grunde ist es nicht so wichtig, dass wir den genauen Unterschied kennen. Trotzdem möchte ich es versuchen. Ich persönlich glaube, dass die Engel eher für größere Menschengruppen verantwortlich sind oder eine größere Aufgabe haben, als einzelnen Menschen zu dienen oder ihnen den nächsten Partner oder mehr Geld zu bringen. Beim Lesen gewisser Engelbücher wird mir schlecht, vor allem wenn die Engel als billige Diener der Menschheit beschrieben werden.

Engel sind Wesenheiten, die nie inkarniert haben und somit auch nie das weltliche Leid und die Vor- und Nachteile eines Körpers kennengelernt haben. Engel sind die Boten Gottes und achten auf uns Menschen, aber sie erscheinen nur bei besonderen Anlässen, ansonsten sind sie eher die »Diener« Gottes und weniger die der Menschen. Engel sind weder männlich noch weiblich, sie können in jeder beliebigen Form und Gestalt erscheinen.

Die Engel werden in der jüdischen und christlichen Mythologie in drei Triaden unterteilt. Zu dieser Unterteilung gibt es noch weitere Unterteilungen, somit wird klar, dass es nicht einfach ist, einen klaren Durchblick zu erhalten.

Erste Triade	Zweite Triade	Dritte Triade
1. Seraphim	4. Herrschaften	7. Fürstentümer
2. Cherubim	5. Kräfte	8. Erzengel
3. Throne	6. Gewalten	9. Engel

Die Chöre der *ersten Triade* sind die Engel, die nie zur Erde hinabsteigen, sondern immer in der Gegenwart Gottes verweilen.

Die Seraphim: Man sagt, dass die Seraphim jene Engel sind, die Gott am Nächsten sind. Seraphim sind Wesen aus strahlendem Licht, das so hell ist, dass es für die Menschen kaum möglich ist, einen Seraph zu sehen. Nur ganz wenige Propheten hatten dieses Privileg, einen Seraph zu sehen. Man nennt sie auch die Engel der Liebe, des Lichtes oder des Feuers.

Die Cherubim: sind die ersten Engel, die im Alten Testament erwähnt werden (1. Mos 3, 22). Die Cherubim geben uns Schutz und Erkenntnis, doch wir müssen dafür bereit und willig sein, es anzunehmen.

Die Throne: sind dazu da, uns Heilenergie zu schicken, normalerweise geben sie diese nicht direkt an uns weiter, sondern über unseren Schutzengel.

Die Engel der *zweiten Triade* kümmern sich mehr um das Universum, doch sie helfen auch den Menschen, falls dies notwendig sein sollte.

Die Herrschaften: führen die Befehle der ersten Triade aus. Sie sorgen dafür, dass jeder Engel richtig eingesetzt wird.

Die Kräfte: helfen den Menschen, wenn ihnen Stärke, Mut und Kraft fehlt, helfen ihnen, über sich selbst und ihre Fähigkeiten hinauszuwachsen.

Die Gewalten: gelten auch als Kriegerengel, sie beschützen den Himmel. Sie helfen uns Menschen, dass wir uns richtig entscheiden, sie zeigen uns auf, was richtig und was falsch ist, und sie sorgen dafür, dass die universellen Gesetze eingehalten werden.

Die Engel der *dritten Triade* befassen sich am meisten mit dem Leben auf der Erde.

Die Fürstentümer: befassen sich mit den verschiedenen Kontinenten, Völkern, Städten und Ländern.

Die Erzengel: Sie gehören zu den wichtigsten Boten Gottes. Im Islam kennen wir vier Erzengel: Michael, Gabriel, Azrael und Israfil, im Christentum hingegen sieben: Michael, Gabriel, Raphael, Uriel, Raguel, Sariel, Remiel. Ich denke, die ersten vier sind den meisten Lesern ein Begriff, die anderen drei dürften eher unbekannt sein. Wenn du dich mit den Erzengeln auseinandersetzt, findest du zum Teil auch noch andere Namen. Ich habe hier nur die ursprünglichen des Christentums gewählt. Alle Erzengelnamen enden mit der Silbe »el«, das bedeutet so viel wie »strahlendes Licht, Gott.«

Ich arbeite sehr wenig mit Erzengeln, nur ab und zu bitte ich einen Erzengel, er möge eine Situation zusätzlich unterstützen. Erzengel sind sehr »hohe« geistige Wesen. Sie sind, wie die Engel, nie auf der Erde inkarniert gewesen. Das hat natürlich den Vorteil, dass sie absolute, bedingungslose Liebe sind, aber auch den Nachteil, dass sie nie die Erfahrung gemacht haben, wie es ist, Mensch zu sein, auf der Erde zu leben, mit all den Vor- und Nachteilen des Körpers. Geistführer kennen dagegen die Grenzen und Einschränkungen des menschlichen Seins, daher können sie uns auf eine ganz andere Art verstehen, denke ich.

Erzengel haben in meinen Augen andere Aufgaben. Sie sind für die globale Situation zuständig. Ich sah noch nie einen Erzengel, der nur für einen Menschen da war, die Energie eines Erzengels kann schon mal einen Menschen begleiten, aber nie der Erzengel selbst. Auch wenn viele Menschen das Gefühl haben oder es ihnen von einem Medium erzählt wird, dass ihr Schutzengel oder ihr Begleiter ein Erzengel sei, meiner Wahrnehmung nach stimmt es nicht.

Ich möchte hier noch kurz auf die einzelnen Aufgaben der vier bekanntesten Erzengel eingehen.

Michael: Der Erzengel Michael ist wohl der bekannteste. Der Name »Michael« bedeutet: »Der wie Gott ist.« Er wird im Alten wie auch im Neuen Testament erwähnt. Michael ist auch der Einzige, der ausdrücklich als Erzengel bezeichnet wird (Der Brief des Judas 9). Er zählt als unerschrockener Kämpfer für das Gute und Lichtvolle im Innen und Außen. Er steht für Mut, Kraft, Liebe und Durchhaltevermögen. Er hält auch die Waage des Lebens, auf der deine Liebe zum Licht oder auf der anderen Seite dein Ego gemessen wird. Wenn du dich schwach und mutlos fühlst, wenn dir das Durchhaltevermögen fehlt oder du Angst hast, dann kannst du Michael anrufen. Er hilft uns auch beim Lösen von alten Bindungen, Mustern und Blockaden. Seine Energie ist klar und kraftvoll und gleichzeitig schützend, einhüllend und stärkend. Erzengel Michael zeigt den Weg zurück zu Gott und ist Hüter der göttlichen Ordnung. Als Fürst des Lichts verbindet er uns Menschen mit unserem göttlichen Ursprung. Michael kann dir bei folgenden Dingen helfen:
– Wenn du dich als Opfer fühlst.
– Wenn du Selbstzweifel hast.
– Wenn du Schutz brauchst oder dich bedroht fühlst.
– Um deine eigene Wahrheit zu finden und diese anzunehmen.
– Um alte Muster hinter dir zu lassen.
– Um Begonnenes zu Ende zu führen.

Gabriel: wird vielfach als der zweitwichtigste Erzengel bezeichnet, auch wenn ich meine, dass diese Bewertung von den Menschen kommt. Der Name »Gabriel« bedeutet: »Gott ist meine Stärke.« Gabriel wird vielfach als weibliche Gestalt wahrgenommen, auch wenn der Name auf eine männliche Person schließen lässt. Aber auch Gabriel kann, wie alle Engel, jede beliebige Gestalt annehmen. Gabriel steht für Geburt und Schwangerschaft. So hat er zum Beispiel Zacharias verkündet, dass seine Frau Elisabeth Johannes den Täufer gebären wird. Er verkündete auch die Geburt Jesu den Hirten und überbrachte Maria die Botschaft, dass sie Jesus gebären wird. Wie oben schon erwähnt, war es Gabriel, der auf dem Berg Hira Mohammed verkündete, dass er ein Prophet sei und ihm die Übermittlung des Korans brachte. Die Muslime kennen Gabriel unter dem Namen »Jibril«. Gabriel hilft uns, die Zweifel zu überwinden und unseren Weg zu gehen, er gibt uns Mut für Neues und neue Lebensabschnitte.

Gabriel kann dir bei folgenden Dingen helfen:
- Zum Erkennen deines Lebensziels.
- Bei Hoffnungslosigkeit und Depressionen.
- Bei der Bestimmung neuer Ziele.
- Er begleitet dich in der Schwangerschaft.
- Er hilft dir, das innere Kind zu heilen.
- Er hilft dir, gewonnenes Wissen zu festigen.

Raphael: wird im apokryphen Buch Tobias erwähnt, jedoch nicht im Alten Testament. Raphael bedeutet: »Der Strahlende, der heilt.« Man sagt, dass er Reisende beschützt und die Wunden der Kranken heilt. Raphael hilft uns, wenn wir krank sind, und unterstützt uns bei der Heilarbeit, wenn wir ihn bitten. Er vertreibt Hoffnungslosigkeit und Mutlosigkeit. Der Erzengel Raphael hat viel Sinn für Humor und ist ein amüsanter Begleiter und Führer auf dem Weg durchs Leben. Raphael kann dir bei folgenden Dingen helfen:

- Er hilft dir bei der spirituellen und körperlichen Heilung.
- Er hilft Heilern, Ärzten, Beratern und Forschern.
- Er begleitet dich im Krankenhaus oder auf der Kur.
- Er hilft dir, Lösungen zu finden bei Gedankenwirrwarr.
- Er schenkt dir Hoffnung, Mut und Zuversicht.
- Er unterstützt dich in den Wechseljahren.

Uriel: hat nach jüdischer Überlieferung die Kabbala gebracht. Sein Name bedeutet: »Feuer Gottes«. Er unterstützt uns bei Kraftlosigkeit und hilft uns bei kreativen Aufgaben. Er ist der Engel der Musik und Kunst. Er schenkt uns oft Licht in dunklen Momenten. Besonders wenn wir lange in derselben Entwicklungsstufe gestanden haben, kann der Erzengel Uriel der zündende Funke sein, der uns vorwärts schickt. Selbst wenn wir durch langjährigen Müßiggang das Licht Gottes in uns tief vergraben haben, können wir es bei der Arbeit mit Uriel schnell wieder stärken. Die Energie des Erzengels Uriel gibt Hoffnung, ist freudig, leuchtend und erhellend. Entwicklung, Bewegung, Veränderung zählen zu seinen Bereichen; so begleitet er auch jeden Neubeginn, damit er sich in göttlichem Einklang vollziehe. Uriel kann dir bei folgenden Dingen helfen:

- Bei Starre im Körper.
- Wenn dir die Energie fehlt.
- Wenn dir die Ideen für ein laufendes Projekt fehlen.
- Für Erfolg im Geschäftsbereich.
- Wenn du Stress hast.
- Um mit Selbstvertrauen neue Wege zu gehen.

Schutzengel

Der liebe Schutzengel ist wohl das bekannteste Geistwesen. Sehr viele Menschen, die sich sonst nicht mit
Esoterik beschäftigen, glauben dennoch an den
Schutzengel, und sehr viele erzählen mir, dass sie absolut überzeugt sind, einen Beschützer in der Geistigen Welt zu haben. Der Schutzengel ist eine Wesenheit, die sehr hoch entwickelt ist. Auch er ist nie auf
der Erde inkarniert gewesen.

Der Schutzengel begleitet einen Menschen von der
Geburt über den Tod hinaus. Ich glaube ja an Reinkarnation und bin davon überzeugt, dass uns Schutzengel
nicht nur von der Geburt an begleiten, sondern bereits
seit der ersten Inkarnation bis zur letzten. Es gibt auch
die Meinung, dass das Baby seinen Schutzengel bekommt, wenn es das erste Mal lacht. Allerdings finde
ich den Begriff »Schutzengel« ein bisschen falsch, denn
das würde ja bedeuten, dass er uns vor allem Unheil
beschützen muss oder soll. Aber das tut er nicht oder
war er gerade im Urlaub oder hatte seinen freien Tag,
wenn dir etwas zugestoßen ist? Manchmal kommt es
uns so vor. Doch das liegt nur an unserer komplett falschen Vorstellung von unserem Schutzengel.

Vielleicht müsste man ihn besser »Lebensplanführer« nennen. Keine Ahnung, ob dieses Wort wirklich
ideal ist und ihm gerecht wird. Denn, wie gesagt, ist
der Schutzengel nicht nur dazu da, uns zu beschützen,
sondern seine Aufgabe ist viel umfassender und sehr
komplex. Es fällt mir schwer, die geeigneten Worte
dafür zu finden. Das Wichtigste ist aber, dass unser
Schutzengel darauf achtet, dass wir unseren Lebensplan erfüllen können. Ich gehe davon aus, das wir alle, bevor wir uns entschließen, auf die Erde zu inkar-

nieren, vorher einen Lebensplan vorbereiten. In dem Plan stehen unsere Lernaufgaben. Achtung, das heißt nicht, dass unser Leben vorherbestimmt ist, sondern es sind lediglich die wichtigsten Stationen unseres Lebens vorgegeben, unsere Lernprozesse. Was wir machen und wie wir mit unserem Lernprozess umgehen, ist uns überlassen. Der Schutzengel führt uns durch die einzelnen Stationen und ist dazu da, dass wir möglichst alle unsere Lernprozesse erleben können. »Lernprozesse« ist meiner Meinung nach auch wieder so ein Wort, das oft falsch verstanden wird. Das hört sich so nach Schule an, oder wir verbinden es eher mit etwas Negativem, doch das muss nicht der Fall sein. In den Lernprozessen unseres Lebens ist natürlich auch das Positive und Schöne enthalten, das ist mir ganz wichtig. Das Leben ist hauptsächlich dazu da, um uns Freude zu bereiten. Wie gesagt, wie wir mit einer Aufgabe umgehen, ist immer unsere persönliche Entscheidung. Du hast immer die Wahl, ob du dich über eine Situation ärgerst oder nicht. Ob du an einem Schicksalsschlag zerbrichst oder daran wächst.

Doch zurück zum Schutzengel, es gibt viele Menschen, die durch ihren Geistführer gerettet wurden, aber ich weiß auch, wenn es zu deinem Plan gehört oder wenn du einen Unfall brauchst oder einen schweren Schicksalsschlag, weil du sonst vielleicht nicht zurückfinden würdest auf deinen Lebensplanweg, dann wird dein Lebensplanführer dafür sorgen, dass du diesen »Unfall« erhältst. Jedoch nicht, um dich zu bestrafen oder dir das Leben schwer zu machen, sondern aus bedingungsloser Liebe, damit du deinen Lernprozess auf der Erde erfüllen kannst. Ich weiß, aus menschlicher Sicht ist das schwer zu verstehen, ja manchmal sogar nicht nachvollziehbar, da bin ich mit dir, lieber Leser, einer Meinung. Trotzdem erlebe ich es in meiner Praxis immer wieder, dass jene vom Schicksal gebeutelten Menschen im Nachhinein sehr dankbar darüber sind, da sie dadurch etwas gelernt haben.

Es ist nun mal eine seiner Hauptaufgaben, dafür zu sorgen, dass wir unseren Plan erfüllen können, dass wir Menschen und Situationen in unserem Leben treffen, die uns helfen zu wachsen. Wenn es nicht zu unserem Lebensplan gehört, dass wir den/die Traummann/-frau finden, nützt es nichts, wenn wir jeden Abend darum beten oder betteln. Meiner Meinung nach gibt es den Traumpartner sowieso nicht, sondern es ist immer der Partner, den du gerade hast. Deine Resonanz hat ihn in dein Leben geführt. Natürlich können wir trotz unseres Lebensplanes unseren Traumpartner finden, zum Beispiel wenn wir alle Aufgaben unseres Lernprozesses erfüllt haben, haben wir die freie Wahl, und das wäre wohl das Ziel für uns alle. Dann beginnt das Leben so richtig Spaß zu machen. Doch bis es soweit ist, müssen wir unserem Schutzengel vertrauen, dass er nur das Beste für uns will, ob es für uns im Moment gerade angenehm oder unangenehm ist. Ich hoffe, ich konnte dir dieses komplexe Thema ein bisschen vereinfachen und näherbringen.

Hier ein Schutzengelgebet:
Engel Gottes, mein Beschützer,
dir hat Gottes Vaterliebe mich anvertraut.
Erleuchte, beschütze, lenke und leite mich.
Amen

Naturwesen, Elfen, Feen und Zwerge

Immer wieder werde ich gefragt, ob ich auch Naturwesen wahrnehmen kann. Ich muss zugeben, dass ich bis jetzt sehr selten Elfen, Feen oder Zwerge gesehen habe, auch wenn ich überzeugt bin, dass es sie gibt. Ich denke, die Aufgaben dieser Geistwesen ist der Erhalt und die Pflege der Natur. Man könnte es sehr vereinfacht ausdrücken: Es sind die Geistführer der Pflanzen, Steine, Tiere und Naturelemente. Meistens sah ich Elfen, Feen oder Zwerge nur kurz. Wenn du, lieber Leser, dich dafür interessierst, findest du sicherlich genügend Literatur darüber.

Ich hatte einmal ein spannendes Erlebnis mit einer Elfe, ich weiß jedoch bis heute nicht, ob diese Elfe symbolisch zu verstehen oder ob sie wirklich bei dieser Frau war. Eine Klientin war zu einem Jenseitskontakt bei mir, es war eine ganz normale Sitzung. Doch plötzlich nahm ich eine Elfe wahr. Ich war irritiert und verstand nicht, warum die Elfe da war. Ich weiß nicht mal, ob es eine Fee oder eine Elfe war, ich kenne den Unterschied nicht, da ich noch nie lange Kontakt hatte. Dies war der längste Kontakt bisher, eben bei dieser Frau. Ich versuchte, mit der Elfe Kontakt aufzunehmen, da ich wissen wollte, was sie mir sagen möchte. Ich vernahm nur: »Ich zeige dir, woher die Frau kommt.« Ich verstand nicht, wie wollte mir die Elfe zeigen, woher die Klientin kommt? Ich fragte noch mal: »Was willst du? Wie meinst du das?« »Die Klientin kommt von dort, wo ich herkomme!« Ich überlegte, woher die Klientin kommen könnte: »Aus dem Elfenreich? Wohl nicht, wenn ich das jetzt sage, dann hält sie mich für total durchgeknallt!« Plötzlich schoss es mir durch den Kopf, woher kommen Elfen oder Feen? Klar, aus Irland! Ich sagte zu der Klientin: »Sie kommen ursprünglich aus Irland, beziehungsweise Ihre verstorbene Mutter kam aus Irland. Stimmt das?« Ich brauchte die Antwort nicht abzuwarten, ich sah es ihrem Gesicht an, dass es stimmte. Dieser kurze Moment war mein längster Kontakt mit einem Naturwesen. Ich bin nicht mal sicher, ob in dieser Sitzung wirklich eine Fee/Elfe da war oder ob es einfach ein Symbol für mich war, das mir die verstorbene Mutter geschickt hatte, damit ich den Geburtsort von ihr als Beweis weitergeben konnte. Ich bin jedoch überzeugt, dass Naturwesen genau so real sind wie Geistführer und Menschen auf dieser Erde.

Die gefallenen Engel, böse Geister und Dämonen

Bevor ich über die Geistführer spreche, mein Hauptthema, möchte ich noch über die gefallenen Engel, über böse Geister und Dämonen sprechen. Ich glaube nicht daran und habe auch noch nie ein böses Wesen in der Geistigen Welt gesehen. Auch wenn sich gewisse Begegnungen für uns Menschen unangenehm anfühlen, ich sah noch nie ein Wesen in der Geistigen Welt, das den Menschen Schlechtes wünscht. Einige Dinge, über die ich hier schreibe, wirst du in anderen Büchern schon mal gelesen haben, trotzdem möchte ich dieses Thema hier etwas vertiefen, weil ich immer wieder Menschen treffe, die große Angst vor Dämonen oder gar dem Teufel haben. Einige werden Mühe mit den folgenden Zeilen haben, das ist gut so und es ist okay. Bitte bedenke, es ist meine Wahrnehmung, über die ich hier schreibe, und ich behaupte nicht, dass sie richtig ist. Einige werden froh sein über meine Worte, einige vielleicht weniger, weil sie mit Geisteraustreibung und ähnlichen Praktiken Geld verdienen. Mir ist es einfach zu wichtig, Heilung in die ängstlichen Herzen zu bringen. Ich möchte zeigen, dass, wenn man genau hinschaut, die Dinge/Situationen, die uns sonst Angst machen, plötzlich keine Angst mehr machen, ja sie können sogar ganz hilfreich sein. Sehen wir uns den Teufel oder besser bekannt als Luzifer einmal genauer an. Als Gott die Engel schuf, war der Erzengel Luzifer der größte und schönste von allen. Der Name »Luzifer« bedeutet: »Lichtträger/Lichtbringer«. Die meisten von uns wissen, dass Gott Luzifer aus dem Himmel verstieß und in die Hölle verbannte. Doch ergibt das Sinn? Wir dürfen nicht vergessen, dass die Bibel von Menschen geschrieben wurde und jede Geschichte eine Botschaft für den Menschen enthielt. Sehen wir uns das Ganze doch einmal von einem höheren Standpunkt an. Nehmen wir an, dass Gott all-wissend ist und bedingungslose Liebe, so wie er immer und immer wieder beschrieben wird. Würde ein barmherziger, liebender Gott es wirklich zulassen, das sein Feind (Luzifer) seine Schöpfung, die Welt, mit Hass, Leid und dem Bösem erfüllt? Ergibt das Sinn? Meiner Meinung nach überhaupt nicht. Ich glaube sogar, dass Luzifer und Gott enge Freunde sind. Das hört sich jetzt vielleicht extrem an, aber wenn Gott wirklich allwissend ist, wovon ich ausgehe, hätte er gewusst oder weiß er jede Sekunde, was Satan vorhat. Würde Gott sich auf so ein Katz- und Maus-Spiel einlassen? Ich traue Gott mehr zu als so ein Spiel.

Was könnte also Luzifers wirkliche Aufgabe sein? Ich bin davon überzeugt, dass der Name »Luzifer«/ »Lichtbringer« kein Versehen war. Es gibt sogar eine vorchristliche Überlieferung, in alten östlichen Schriften wird gesagt, dass Luzifer einer der sieben Engel des Sonnensystems ist. Er galt als Wächter der Venus, die Venus galt damals als heiligster aller Planeten. Gott suchte eines Tages einen Engel, der auf die Erde hinabgehen sollte, um den Menschen dort zu helfen. Luzifer meldete sich, um Gott zu helfen, er wird als der größte und schönste Engel beschrieben, somit war klar, dass er diese Aufgabe bekommen soll. Seine Aufgabe bestand darin, die Menschen in Versuchung zu führen, um ihren Glauben und die Spiritualität zu fördern. Luzifer bringt den Menschen die Fähigkeit zur moralischen Erkenntnis – setzt sie dabei auch der Gefahr aus, sich tief in moralische Verfehlungen zu verstricken. Beides ist aber notwendig, damit der Mensch ein moralisch eigenverantwortliches Wesen werden kann. So kann Luzifer zwar als Widersacher aufgefasst werden, der sich den göttlichen Schöpfermächten entgegenstellt, aber er fördert durch diesen Widerstand zugleich die Entwicklung, indem er dem Menschen die Freiheit und die moralische Erkenntnis bringt. Er darf also keineswegs als einseitig böse geistige Macht aufgefasst werden, sondern durch ihn können die Menschen das Gute und Gott erkennen. Würde es uns nur gutgehen, würden wir uns wohl kaum Gedanken über Gott oder unseren Fortschritt machen. Wir würden stehenbleiben und könnten uns nicht weiterentwickeln. Natürlich besteht dadurch auch die Gefahr, dass Menschen der Versuchung verfallen, aber er gibt uns die Wahl. Andersherum finden, dank Luzifer, viel mehr Menschen den Weg zu Gott, somit würde sein Name plötzlich Sinn ergeben.

Böse wird der Mensch, wenn er sich einseitig den durch Luzifer erregten sinnlichen Begierden willenlos hingibt. Luzifer bewirkt Gutes, wenn die Menschen durch ihn, den »Lichtträger«, das Licht der Weisheit und den Sinn für die Schönheit der sinnlichen Welt erkennen. Alle Wissenschaften und Künste sind eine Gabe Luzifers – ebenso wie alle auf Wissen gegründete moralische Erkenntnis. Ohne ihn gäbe es die menschliche Kultur nicht. Ohne das Dunkle gäbe es kein Licht!

Ich möchte hier gleich noch ein anderes Thema anschließen, und zwar die bösen Geister oder Dämonen. Eine Frage, die ich häufig bei meinen Jenseitskontakten höre, lautet, ob ich an Besetzungen durch Dämonen oder böse Geister glaube, und ich sage immer nein. Ich habe bis jetzt noch nie einen Dämon oder einen bösen Geist gesehen. Viele Klienten erzählen mir aber, dass ihnen ein anderes Medium gesagt hätte, sie hätten eine Besetzung. Das Interessante für mich dabei ist immer wieder, dass genau die Medien, die Dämonen und Besetzungen wahrnehmen, sie meistens auch elimenieren können – allerdings nur für viel Geld. Das finde ich schon sehr merkwürdig.

Es gibt natürlich Kulturen, in denen Dämonen zum Volksglauben gehören, und es ist klar, dass die dortigen Medien oder Medizinmänner die Dämonen auch wahrnehmen. Aber kommen wir wieder zu uns und schauen uns so eine Besetzung mal ganz genau an. Wenn ein Medium von einer Besetzung redet und ich ihn dann frage, was er wahrnimmt, gebe ich zu, kann ich vielfach auch etwas sehen. Nur denke ich, dass es häufig falsch interpretiert wird. Mir ist bei meinen Klienten, die mir von einer Besetzung erzählt haben, aufgefallen, dass ich in deren Aura eine leichte oder manchmal sogar schwere Psychose sehe. Ich hatte bis jetzt noch keinen Klienten mit Besetzung ohne Psychose. Ich erzähle dem Klienten dann, man sieht in seiner Aura zum Beispiel eine Depression oder Burnout, während ein anderer Hellseher von einer Besetzung oder einem Dämon redet. Wenn ich dann bei dem Medium nachfrage, das den Dämon sah, wo er ihn gesehen hat, zeigt er mir genau die Stelle in der Aura, die mir die Depression angezeigt hat. Auch das andere Medium sieht dort keine Gestalt oder einen Dämon, sondern zumeist ebenso nur einen dunklen oder grauen Schleier, aber dieser zeigt nur, dass die

Aura dort eine Blockade hat und nicht so schnell schwingt und es daher eine dunkle Stelle gibt. Also eine Depression. Das ist für mich ein großer Unterschied. Wahrscheinlich könnte man diese auch durch Geistheilen oder andere Methoden heilen, aber ich finde ich es nicht gut, wenn man dem Klienten einen Exorzismus vorführt oder eine Geisteraustreibung macht. Die kann nur heilen, wenn der Glaube an eine Besetzung sehr stark ist. In Wirklichkeit macht das Medium oder der Geistheiler nur Geistheilung und keine Austreibung.

Heilung findet statt durch Aktivität, Kreativität, durch ein erfülltes Innenleben und eine erneute Gotteserfahrung. Geistführer gehören zum geordneten Teil des Universums. Was dämonischen Kräften ihre Gestalt und Existenz verleiht, ist unser Verstand. Alles, was nicht vom »Himmel« stammt, wurde aufgrund irgendeiner Angst vom Verstand ersponnen. Der beste Schutz gegen Besessenheit und Obsession ist es, sich rückhaltlos und ohne Umwege mit den eigenen Ängsten auseinanderzusetzen, und wenn es nötig ist, professionelle Hilfe in Anspruch zu nehmen. Es gibt übrigens in der Aura auch keine Löcher oder Risse, auch das ist nur ein Gerücht, und man kann die Aura auch nicht putzen oder flicken. Es gibt immer wieder Stellen in der Aura, an denen die Energie nicht so schnell schwingt, zum Beispiel bei einer Verspannung oder eben bei einer Depression, oder wenn ich mein Bein gebrochen habe, das kann man in der Aura sehen, weil dadurch die Farbe an der Stelle dunkler wirkt. Ist der Aurasichtige schlecht ausgebildet, kann er nicht erkennen, warum an der Stelle die Energie blockiert ist oder langsamer schwingt. Er sieht nur dunkel oder grau, und es kann dann für ihn wie ein Riss oder Loch aussehen. Doch das stimmt so nicht, es zeigt lediglich, dass das Medium nur einen Teil der Aura wahrnehmen kann.

Falls du wirklich einmal deine Aura reinigen lassen möchtest, dann bitte nur mit Meister Proper. Das war jetzt nur ein Scherz, noch mal ganz deutlich, eine Besetzung mit einem bösen Geist ist meiner Wahrnehmung nach nicht möglich. Außerdem, denkt bitte an eure Schutzengel und Geistführer, sollte eine Besetzung möglich sein, dann würden sie das verhindern.

Noch etwas spricht gegen Dämonen, wenn ich mich als Trance-Medium ausbilden lasse, braucht das mehrere Jahre, bis ich meinem Geistführer so viel »Platz« geben kann, dass er ein Teil meines Körpers wird. In Trance geht das Medium in einen veränderten Bewusstseinszustand und versucht, die eigenen Gedanken so weit abzuschalten, dass ein Geistführer die Kontrolle übernehmen kann. Aber es braucht Jahre, bis ein Geistführer eine gute Kontrolle erlangt, und dass auch nur, wenn das Medium sehr regelmäßig trainiert. Es ist für beide Seiten unglaublich schwer, dass diese Überschattung stattfinden kann. Warum sollte es dann einem »bösen« Geist so einfach gelingen? Das ergibt für mich keinen Sinn. Denn auch wenn das Medium bei einer Trance im Grunde eine »positive« Besetzung herbeiwünscht, ist das unmöglich, es findet lediglich eine Überschattung statt. Das heißt, die beiden Energien gleichen sich sehr stark an und nähern sich, aber es wird nie soweit kommen, dass das Geistwesen den Körper des Mediums in Besitz nehmen kann. Auch kann die Überschattung nur stattfinden, wenn das Medium sich bewusst in einen veränderten Bewusstseinszustand begibt. Alles das ist für mich ein deutliches Zeichen, dass es keine Besetzung von Dämonen gibt. Ich kenne auch kein seriöses Medium mit einer soliden Ausbildung, das seinen Klienten sagt, dass es Besetzungen gibt.

Kurz möchte ich auch noch das Thema anschneiden, dass es Seelen von Verstorbenen gibt, die nicht im Licht sind. Auch das höre ich oft. Immer wieder kommt unweigerlich die Frage: »Ist die verstorbene Person auch wirklich im Licht?« Ich habe in all den Jahren meiner Tätigkeit noch nie ein Geistwesen gesehen, das nicht im Licht ist. Ich weiß, dass viel darüber erzählt wird, dass es scheinbar Seelen gibt, die den Weg ins Licht nicht finden, nur konnte ich es bei meinen Kontakten bis heute noch nicht erleben. Ich möchte es noch kurz ein bisschen kritisch betrachten, woher dieser Glaube von »im Licht« und nicht »im Licht sein« kommt. Den größten Einfluss haben hier die Religionen, die die Geistige Welt in Paradies und Hölle unterteilen. Das Paradies wird als Licht oder lichtvoll bezeichnet. Aber wer entscheidet, ob eine Seele ins Licht gehen kann oder in einer Zwischenwelt bleiben oder gar in die Hölle muss? Laut Bibel entscheidet das Gott! Spinnen wir diesen Gedanken einmal weiter, nehmen wir an, Gott sagt, wohin jede Seele kommt, und jetzt hat Gott entschieden, dass eine Seele nicht ins Licht gehen darf. Nennen wir diese Seele mal XY. Dann darf XY also nicht ins Licht eintreten, weil er zum Beispiel Selbstmord begangen hat; laut Bibel kommen solche Seelen nicht ins Paradies. Jetzt aber mal ehrlich, würde ein bedingungslos liebender Vater das zulassen? Wird Gott aber nicht als solcher beschrieben? Als bedingungslose Liebe? Würde ein solcher Gott seine/n Sohn/Tochter XY in die ewige Verdammnis schicken? Meiner Meinung nach würde er das nicht tun, ich denke, die Hölle und die Verdammnis in einer Zwischenwelt sind ein Konstrukt, geschaffen von Menschen, um die Mitmenschen zu kontrollieren und zu bevormunden.

Nehmen wir jetzt doch einmal an, Gott hätte zu XY gesagt, dass er nicht ins Licht gehen kann. Jetzt stellt das irgendein Medium fest, es gibt ja viele Hellseher, die so etwas behaupten. Und natürlich besitzt genau dieser Hellseher dann auch die Fähigkeit, diese armen Seelen ins Licht zu schicken! Natürlich meist nur für Geld. Gott hatte also entschieden, dass eine Seele nicht ins Licht eintreten darf, aber jetzt kommt das Medium YY und kann, gegen einen kleinen Aufpreis von sagen wir mal 150 Fr., die Seele trotzdem ins Licht schicken. Wo ist jetzt Gott? Ist Gott doch nicht allmächtig? Das würde ja bedeuten, dass sich ein Medium über die Entscheidung von Gott stellen könnte. Und genau das ergibt für mich nun einmal gar keinen Sinn!

Schauen wir uns doch die Geistige Welt noch einmal genauer an. Es gibt dort keine Zeit und keinen Raum, auch unsere Wissenschaft hat bereits herausgefunden, dass Zeit und Ort nur eine Illusion sind. Weder Zeit noch Raum sind in der Geistigen Welt relevant oder wahrnehmbar. Es sind nur zwei Begriffe, mit denen unser Gehirn etwas anfangen kann, auch wenn wir diese Begriffe nicht mal annähernd verstehen können. Bei keiner Zeit und keinem Raum gibt es auch kein Licht oder nicht Licht, kein Paradies oder keine Hölle! Es gibt dort keine Dimensionen oder Stufen, auch das kann es dann nicht geben.

Ein weiteres Thema, mit dem ich immer mal wieder konfrontiert werde, ist Spuk. Für mich ist das ein sehr spannendes Thema, doch auch hier sollte man kritisch hinter die Kulissen blicken. Ich habe bereits in meinem ersten Buch darüber geschrieben, aber da ich merke, dass immer noch viele Menschen Angst vor Spuk haben, möchte ich es hier noch einmal aufgreifen. Eigentlich erübrigt sich das Thema aufgrund der vorherigen Zeilen, in denen ich dargelegt habe, dass es keine Zwischenwelten gibt. Es kann dann ja auch keinen Spuk durch böse Geister geben. Trotzdem gibt es Spukphänomene, und die sind sehr real. Allerdings haben diese Phänomene meist nichts mit Geistern zu tun, und es gibt viele verschiedene Arten von Spuk. Also müsste man als Erstes genau definieren, was Spuk überhaupt ist: Es ist eine Bezeichnung für wissenschaftlich unerklärliche unheimliche Erscheinungen. Meist wird Spuk als ortsgebundene geisterhafte Erscheinung ohne persönlichen Bezug und ohne direkte Kommunikation mit dem Beobachter verstanden. Immer wieder habe ich mir solche Spukphänomene angeschaut und bin meistens zu dem ernüchternden Ergebnis gekommen, dass die Menschen in vielen Fällen einfach nur »Geister« gesehen haben. Ich finde, bevor man ein Medium beauftragt, um einen Spuk zu überprüfen, sollte man alle natürlichen Dinge ausschließen und sich kritisch fragen, ob es sich wirklich um übernatürliche Phänomene handelt. Falls sich bei dir Dinge ereignen, die nicht »normal« sind, versuche eine vertrauenswürdige Person hinzuzuziehen, die möglichst hellsichtig ist. Ich kläre als Erstes immer ab, ob es Jugendliche am Ort beziehungsweise im Haus gibt oder ob jemand ein psychisches Problem hat. Denn mir ist aufgefallen, und darüber gibt es sogar parapsychologische Studien, dass, wenn Jugendliche emotional nicht im Gleichgewicht sind (Pubertät), es dann immer mal wieder zum Spuk kommt. Das wird nicht von der Geistigen Welt ausgelöst, sondern unbewusst von den kinetischen Kräften der Jugendlichen oder der Person, die psychisch nicht im Gleichgewicht ist.

Ich kann mich noch gut an eine Geschichte erinnern, in der ich wirklich dachte, ich habe es mit einem Spuk-Fall zu tun. Eine Frau rief mich ganz aufgeregt an und meinte, dass sich Gegenstände in der Wohnung bewegen würden. Die Frau hörte sich sehr klar an, und ich glaubte ihr. Das ist nicht immer der Fall, und man muss aufpassen, da manchmal der größte »Spuk« in den Köpfen der Menschen stattfindet. Jedenfalls war ich nach ihrer Schilderung absolut überzeugt. Ich fragte sofort, was denn genau passiert sei, und sie meinte: »Gegenstände liegen immer mal wieder woanders, als man sie hingestellt hat, und immer wieder flackern die Lampen.« »Gut, und haben Sie die Elektrizität von einem Fachmann überprüfen lassen?«, war meine nächste Frage. Das hatte sie gemacht. Dann fragte ich, ob Kinder oder Jugendliche im Haus seien, doch das war nicht der Fall. Ich fragte nach, ob es sonstige Personen gibt, denen es psychisch nicht gutgehe, die vielleicht ein solches Phänomen auslösen könnten. Sie sagte nein, es wohne nur sie und ihr Mann in der Wohnung. Ich wollte mich schon auf den Weg machen, da meinte mein Geistführer: »Geh nicht, ihr Mann ist Alkoholiker und sehr depressiv. Er löst die Phänomene aus.« Ich wusste zuerst nicht, wie ich mit der Information umgehen sollte, entschloss mich aber dann, die Frau noch einmal anzurufen und sie zu fragen. Zuerst war sie sehr still, und ich bat sie, mir die Wahrheit zu sagen, das tat sie dann, und ich bekam die Bestätigung der Informationen, die ich bereits aus der Geistigen Welt erhalten hatte. Ich sagte ihr dann, dass zuerst ihr Mann Hilfe brauche, dass er in eine Klinik gehen solle und dass ich überzeugt wäre, dass danach der Spuk aufhöre. Ich hörte ein halbes Jahr nichts von der Frau, und als sie mich dann wieder anrief, erzählte sie: »Mein Mann hat eine Kur gemacht und ist jetzt trocken, er ist ein ganz anderer Mensch geworden, wieder glücklich und froh. Kaum war er weg, hat der Spuk auch aufgehört, und auch seit er heimkam, sind keine ungewöhnlichen Phänomene mehr aufgetaucht.« Ich war glücklich, dass die Geschichte ein so gutes Ende genommen hat. Leider weiß ich bis heute nicht, ob wirklich der Mann den Spuk ausgelöst hatte oder die Frau, da sie ja auch psychisch extrem unter der Situation gelitten hat.

Meistens aber, wenn ich zu einem Spuk gerufen wurde, waren es verstorbene Angehörige, die sich bei den Hinterbliebenen melden möchten. Sehr häufig werde ich von Müttern angerufen, die sagen, dass ihre Kinder nicht schlafen können, weil ein Geist im Zimmer ist. Bis jetzt war immer, wenn ich es mir genauer angeschaut habe, kein »Geist« oder etwas Böses im Zimmer, sondern ein naher geliebter Verwandter. Zum Beispiel eine verstorbene Großmutter, die ihren Enkel besucht, den sie vielleicht im Leben nie kennenlernen durfte. Natürlich macht es dir Angst und ist unheimlich, wenn du als kleiner Knopf in deiner Wiege liegst und plötzlich steht eine ältere Dame an deinem Bett und spricht mit dir, vor allem wenn deine Mutter

immer mal wieder durch die ältere Dame hindurch-
läuft, weil sie die Frau aus der Geistigen Welt nicht sehen kann. Bedenken muss man auch, dass viele Kinder Angst vor der Dunkelheit haben und sich daraus
Phantasien entwickeln. Nicht immer ist eine verstorbene Person daran schuld.

Natürlich ängstigt es uns, wenn uns eine verstorbene Person unbedingt Zeichen schicken möchte, dass
es ihr gutgeht oder dass das Leben nach dem Tod wei-
tergeht. Klopfgeräusche sind häufige Zeichen davon.
Aber auch dabei habe ich, wenn ich vor Ort bin und
mir den Spuk anhöre, bis jetzt immer jemanden aus
der Geistigen Welt wahrgenommen, der meistens nur
zeigen wollte, dass er noch da ist und seinen Hinterbliebenen Trost schenken wollte. Sehr viele Verstorbene machen sich nach ihrem Tod durch Klopfen,
Knarren oder über die Elektrizität bemerkbar. Viele
Klienten erzählten mir, dass Radio, Fernsehen, Licht
und andere Geräte von allein an und aus gingen. Solche Phänomene habe ich sogar selbst schon einige
Male erlebt. Diese Art der Mitteilung kann natürlich
verunsichern und uns das Gefühl von Geistern oder
sogar Dämonen vermitteln, doch bis heute war es immer ein Verstorbener, der einfach nur sagen wollte:
»Schau her! Ich bin noch da! Du musst nicht traurig
sein! Ich lebe noch! Das Leben geht nach dem Tod
weiter!«, oder Ähnliches. Ich weiß, dass viele, die meine Bücher lesen, Ähnliches schon erlebt haben.

Zum Schluss dieses Kapitels möchte ich noch die
Imprägnierung ansprechen, die meiner Meinung nach
das Häufigste ist, was als Spuk bezeichnet wird und in
Wirklichkeit gar kein Spuk ist. Ich nenne dieses Phänomen »Imprägnierung«, es ist kein offizieller Begriff,

aber ich finde keinen passenderen. Viele erzählen mir, dass sie zum Beispiel in einer alten Burg oder einem sehr alten Haus komische Gefühle bekommen, dass sie fühlen, dass mit dem Ort etwas nicht stimmt. Noch extremer ist das Gefühl, wenn man heute ein Konzentrationslager besucht oder in einem Haus ist, in dem ein Mord begangen wurde. Bleiben wir beim Mord in einer Wohnung oder in einem Haus, um die »Imprägnierung« zu erklären. Immer wieder schreiben oder rufen mich Menschen an, dass in ihrer Wohnung jemand umgebracht wurde oder Selbstmord beging und dass sie nun das Gefühl haben, diese Person spuke immer noch dort umher, da die Seele die Reise ins Licht nicht antreten konnte, weil der Tod so schlimm war. Natürlich gibt es auch hier hellsichtige Personen, die diese Dinge bestätigen, aber die meisten können nicht zwischen Imprägnierung und einer wirklichen Seele vor Ort unterscheiden. Man sollte wissen, dass alle Gegenstände, die im Haus und darum herum, je nach Material mehr oder weniger Energie aufnehmen können. Daher ist es klar, dass zum Beispiel bei einem Mord sehr viel Angst, Hass, Wut und Überlebenskampf als Energie freigesetzt wird. Diese Energie wird von den Gegenständen um uns herum aufgenommen und gespeichert, wie auf einer Diskette. Die ganzen Gefühle sind dort gespeichert, ja sogar der ganze Ablauf des Mordes. Aber die Seele des Umgebrachten findet genauso den Weg ins Licht, als wäre er natürlich gestorben, das zählt für Selbstmord genauso wie für alle anderen Todesursachen und Todesarten. Nur die Energie bleibt gespeichert in der Umgebung, das jedoch, je nachdem, was genau passiert ist, stärker oder weniger stark. Je älter ein Gebäude ist, umso älter ist natürlich auch die Geschichte, umso mehr Energie ist dort gespeichert. Wenn jetzt ein sensitiver Mensch kommt, kann er die Daten auf der Diskette oder besser gesagt die gespeicherte Energie aufnehmen und lesen und dadurch sehen, was dort passiert ist. Das wird inzwischen auch von der Polizei immer mal wieder zur Klärung bei Mord oder bei einem anderen Verbrechen eingesetzt. Ich schreibe hier absichtlich sensitiver Mensch und nicht Medium, ein Medium kommuniziert mit Verstorbenen oder Geistführern. Ein Sensitiver kann die Energien von Menschen wie die Aura oder eben die Imprägnierung in Häusern bei Mord lesen. Oft kann diese sensitive Person an einem Ort, an dem ein Mord geschehen ist, diesen Mord sehen. Sie sieht dann auch die umgebrachte Person und fühlt die Angst oder die Gefühle, die vor dem Tod entstanden sind. Aber der Sensitive kann nicht mit der Seele der verstorbenen Person in Kontakt treten, er kann lediglich die Energie lesen. Er liest nur die Restenergie von dem Ort, die verstorbene Person ist aber längst nicht mehr dort, sondern im »Licht«. Das ist der Grund, warum solche Phänomene immer ortsgebunden sind, nur in einem engen Gebiet stattfinden und man mit diesen Wesen, die man dort wahrnimmt, nicht kommunizieren kann. Viele Hellsichtige sagen dann, das könne man nicht, weil die Seele nicht wisse, dass sie tot ist und daher verwirrt. Das denke ich nicht, sondern die Hellsichtigen lesen nur die Restenergie, und die kann nicht kommunizieren, sondern nur das wiedergeben, was sie gespeichert hat. Wichtig für dich, mein Leser, ist nur, dass du weißt, dass an solchen Orten lediglich die Energie der Ereignisse gespeichert ist, die damals verwickelten

Personen längst nicht mehr dort sind und nur der Schmerz oder die Emotionen dort als Energie gespeichert sind.

Ich hoffe, dieses Kapitel hat dazu beigetragen, einige Ängste zu nehmen und ein bisschen Licht ins Dunkel zu bringen. Zum Schluss noch eine Bemerkung oder eine Frage, die auch immer wieder gestellt wird: »Wie kann es sein, dass plötzlich alle Menschen gut sind, wenn sie gestorben sind? Was wurde aus Hitler?« Diese Frage ist mehr als berechtigt, deswegen möchte ich hier kurz darauf eingehen. Was genau aus Hitler wurde, kann ich nicht sagen, ich weiß jedoch, dass jede Seele, die den Körper verlässt, zuerst in einen Zustand kommt, den ich »Anpassungsphase« nenne. Achtung, das hat nichts mit Strafe oder Zwischenwelt zu tun! Nennen wir es eher »Krankenhaus für die Seele«. In dieser Zeit erlebt die Seele ihr ganzes Leben noch einmal, doch nicht nur ihr eigenes, sondern auch alle Leben, mit denen sie zu tun gehabt hat. So musste Hitler auch all die Leben anschauen, die er zerstört hat, er musste fühlen, was diese Familien gefühlt haben, die Freunde, die Bekannten. Das ist die eigentliche Strafe, die aber nicht von einem rachsüchtigen Gott kommt, sondern wir selbst ziehen Rechenschaft über uns. Wir beurteilen unsere Taten selbst. Wenn du dein Leben noch einmal erlebst, aus deiner Sicht, aber auch aus der Sicht deiner Mitmenschen, dann wirst du schnell fühlen, wo du »Gutes« oder »weniger Gutes« getan hast. Im Moment des Todes gehst du wieder in die Einheit zurück und empfindest dadurch alle Taten, die du gemacht hast, durch dich selber, und zwar als Opfer und als Täter. Da ein Verstorbener weiß, dass er im Grunde alles sich selbst antut, würde er nie über den Tod hinaus andere belästigen, ängstigen oder gar etwas Schlechtes wollen. Er ist im Bewusstsein, dass er dies nur sich selbst antun würde. Viele dieser Menschen, die auf der Erde Täter waren und andere schlecht behandelten, waren im Grunde auch immer einmal Opfer. Ihnen fehlte immer auf einer Ebene die Liebe. Die Liebe von anderen oder die Liebe zu sich selbst. Diese erhalten sie aber in der Geistigen Welt, denn dort ist nur Liebe. Dort werden ihre Seelen geheilt und sie finden Ruhe, und das ist ein Prozess, den jede Seele erleben darf. Jede! Viele sagen mir, dass es sich dann ja gar nicht lohnt, Gutes zu tun, wenn jeder im Grunde nachher an denselben Ort kommt! Ich kann das nicht nachvollziehen, tust du nur Gutes, um später keine Strafe zu bekommen? Dann denke immer daran, Gott kann man nicht täuschen! Oder tust du Gutes, weil du es möchtest, weil du es fühlst? Wir sollten es tun, weil wir es wollen, weil wir es als richtig empfinden, weil es dich erfüllt, zu helfen und Gutes zu tun, nur allein deswegen. Und wie gesagt, wir müssen alle unsere Taten noch einmal erleben, und zwar aus beiden Perspektiven. Tust du viel Gutes, ist dieses Revue-Passieren-Lassen keine Strafe, sondern ein wunderbares Geschenk!

Jetzt möchte ich dir zeigen, wie du deinen Geistführer findest.

Geistführer

Früher habe ich einen Unterschied zwischen Engeln und Geistführern gemacht, heute unterscheide ich nicht mehr. Früher war ich noch mehr von anderen und meinen Lehrern geprägt, heute verlasse ich mich nur noch auf das, was ich wahrnehme, und ich nehme keinen qualitativen Unterschied zwischen Geistführern und Engeln wahr. Allerdings ist mir aufgefallen, dass die Geistwesen zum Beispiel in der Schweiz oder in Deutschland vom Aussehen her eher den Lichtwesen oder eben den Engeln gleichen, weil hier der Glaube an Engel oder an Lichtwesen verbreiteter ist. In England dagegen, wo man eher an Geistführer glaubt oder die Wesenheiten Geistführer nennt, zeigen sie sich mir eher als Inder, Chinesen, Araber, Juden oder in anderen Formen, die wir als weise oder spirituell entwickelt empfinden. Wollen wir unbedingt einen Unterschied zwischen Geistführern und Engeln machen, dann den, dass es Geistführer in der Geistigen Welt gibt, die nie auf der Erde inkarniert waren, die könnten wir Engel nennen. Während Geistwesen, die zwar auf der Erde inkarniert waren, aber inzwischen das Rad der Wiedergeburt hinter sich lassen konnten, nun in der Geistigen Welt die Aufgabe als Geistführer übernehmen. Aber es ist ein langer Prozess, bis eine Seele so weit fortgeschritten ist, dass sie als Geistführer im Jenseits bleiben kann und nicht mehr inkarnieren muss. Daher möchte ich es noch einmal betonen, ein Verstorbener, den wir in diesem Leben gekannt haben, kann nicht plötzlich unser Geistführer oder Schutzengel sein, höchstens ein Geisthelfer.

Von der Qualität her sind Geistführer nicht höher oder besser als Engel, jeder hat seine Aufgabe, und für die ist er genau der Richtige. Deswegen unterscheide ich nicht zwischen Geistführer und Engel.

Aufgestiegene Meister

Immer mal wieder werde ich gefragt, was denn mit den aufgestiegenen Meistern sei. Das kann ich nicht so einfach beantworten. Ich habe noch kein Geistwesen gesehen oder getroffen, das sich mir als aufgestiegener Meister vorgestellt hat. Dass, was ich über aufgestiegene Meister weiß beziehungsweise gelesen habe, gehört für mich zu den Geistführern. Die aufgestiegenen Meister sind wahrscheinlich die Geistführer, die vor langer Zeit inkarniert waren auf Erden, aber inzwischen das Rad der Wiedergeburt hinter sich gelassen haben. Also für mich sind Geistführer und aufgestiegene Meister dasselbe.

Krafttiere oder Totemtiere

In der indianischen Kultur und in ihren Legenden kommen sehr häufig Krafttiere vor. Ich empfinde sie als nichts anderes als Geistführer, sie zeigen sich einfach anders, da die Menschen vom Glauben und von der Kultur her anders geprägt sind. Jedes einzelne Krafttier hat eine eigene Aufgabe und Bedeutung, wie die Geistführer auch. So kann zum Beispiel der Adler als einziges Tier direkt in die Sonne blicken. Ein Mensch, der dieses außergewöhnliche Tier als Geistführer hat, sagt man die Fähigkeit des Hellsehens nach. Aber einen Adler sehen, kann auch bedeuten,

dass man sich einen Überblick oder Durchblick ver-
schaffen soll, je nachdem, was gerade ansteht. Auf
uns können die Krafttiere sehr fremd wirken. Solltest
du jedoch großes Interesse für diese Kultur hegen,
dann ist es eine herrliche Arbeit mit Krafttieren.

Dein Geistführer, dein Freund

Dieses Kapitel ist für mich das wichtigste. Bitte mach dir einmal ein paar Gedanken über die nächsten Sätze. Viele sind einfach nur Vorschläge, um die Verbindung zu vertiefen, um zu prüfen, wie ernst es dir ist, deine Engel kennenzulernen. Ich bin immer wieder erstaunt, wie viele Menschen sich zu meinem Seminar »Entdecke deinen Geistführer« anmelden. Aber noch mehr erstaunt es mich, dass die Teilnehmer vielfach denken, dass sie ein Wochenende in den Kurs kommen und dann sofort mit ihrem Geistführer in Kontakt stehen. Einige sind dann enttäuscht, wenn sie merken, dass sie auch weiterhin an sich arbeiten müssen, damit die Verbindung zustande kommt, obschon ich sowohl in diesem Buch als auch im Seminar sehr einfache Übungen zeige, die nicht viel Zeit brauchen für gute Resultate im Umgang mit dem Geistführer.

Mir ist bewusst, dass verschiedene Geistführer-/Engelbücher den Menschen ein völlig falsches Bild von Geistführern vermitteln. Da werden unsere himmlischen Begleiter vielfach so hingestellt, als wären sie unsere Diener, die nichts Besseres zu tun haben, als alle unsere Wünsche zu erfüllen. Das beginnt beim Parkplatz reservieren und geht bis dahin, dass der Schutzengel den richtigen Partner oder Job für uns besorgen soll, und wir müssen nichts dafür tun! Ich finde es schon traurig, wenn man die Geistführer wie Diener oder Deppen behandelt, und nur, weil wir zu faul sind, an uns zu arbeiten. Mit ein bisschen Betteln und Beten haben wir dann das Gefühl, dass alle Probleme gelöst werden. Das zeigt mir, dass viele die Aufgabe der Engel total falsch verstehen. Gerade in der Esoterik- oder der spirituellen Szene ist der Umgang mit Engeln vielfach sehr traurig. Da sind mir die Menschen lieber, die die Geistige Welt ignorieren, als jene, die sie wie Diener missbrauchen.

Ich sage nicht, dass wir die Engel nicht um Hilfe bitten können, auch bei alltäglichen Dingen, doch die Frage ist immer, wie wir sie bitten. Ich finde, wir sollten lernen, dass unser Geistführer oder unser Engel so etwas wie der beste Freund sein sollte. Eine tiefe Freundschaft aufzubauen dauert meistens Monate oder auch Jahre und basiert auf gegenseitigem Respekt. Das vergessen wir leider manchmal. Viele möchten mit ihren Geistführern in Kontakt kommen, sind aber nicht bereit, täglich etwas für die Freundschaft zu tun. Auch mal kurz meditieren oder sich mit seinem Engel verbinden, wenn es einem gutgeht. Die meisten denken nur an die Geistführer, wenn sie Probleme haben oder Hilfe brauchen. Welcher Freund würde auf lange Zeit unser Freund bleiben, wenn wir uns nur bei ihm melden, wenn wir etwas von ihm wollen? Sicherlich kaum einer, und doch erwarten wir es von unserem geistigen Begleiter. Ich weiß nicht, wie viele Ausreden ich in den letzten Jahren gehört habe, warum man nicht meditieren kann, warum man die Freundschaft mit den Geistführern nicht mehr pflegen kann. Doch wie soll eine Freundschaft entstehen, wenn man zu faul ist, Zeit mit seinem Freund zu verbringen. Lieber Leser, solltest du nicht ernsthaft vorhaben, mit Respekt deinen geistigen Freunden zu begegnen, dann lass es lieber sein, dann suche dir ein anderes »Hobby«. Es sollte nämlich kein Hobby sein, kein »ich muss«, sondern das Natürlichste der Welt, dass deine Geistführer da sind. Es sollte so natürlich sein wie dein Atem oder dein Herzschlag. Gebe ihnen den Respekt, den sie verdient haben. Frage dich immer mal wieder selbst, ob du etwas von deinem besten Freund verlangen würdest. Für mich sind meine Geistführer wirklich die besten Freunde, und ich gebe mir Mühe, sie immer so zu behandeln. Ich wünsche mir von Herzen, dass auch du das erkennen und immer so sehen kannst.

Wie viele Geistführer
hat ein Mensch?

Diese Frage ist gar nicht so leicht zu beantworten, da es hierfür keine Regel gibt. Im Grunde kann man einen Geistführer haben oder bis zu mehreren Hundert. Aber die meisten Menschen haben einen bis drei Geistführer. Es kommt immer ein bisschen darauf an, was wir so in unserem Leben machen und für was wir uns interessieren. Früher gab es mal eine Zeit, in der Medien den Klienten erzählten, sie hätten neunundvierzig Geistführer. Doch das sagten sie nur, um die Klienten für die nächsten neunundvierzig Sitzungen zu binden, damit diese alle ihre Geistführer kennenlernen. Im Grunde ist es so, dass wir unzählige Geistführer haben, die uns zur Seite stehen, sie können auch immer mal wieder wechseln. Als Kind hattest du andere als jetzt, da dir immer die Geistführer zur Verfügung stehen, die du in den verschiedenen Stadien deiner Entwicklung brauchst. Auch unsere Geistführer entwickeln sich mit uns weiter. Wenn wir aber beschließen, uns nicht mehr weiterzuentwickeln, dann werden sie sich auch nicht entwickeln können. Viel wichtiger ist, dass die Geistführer nicht, wie die Schutzengel, an uns gebunden sind. Sie sind im Grunde wie Fachberater, so habe ich beispielsweise andere Geistführer bei Jenseitskontakten als bei Heilbehandlungen, wieder andere bei Vorträgen oder wenn ich ein Buch schreibe.

Man hat meistens einen Geistführer, der alle anderen koordiniert, auch der Hauptführer, Torwächter oder Türsteher genannt. Sie kontrollieren und überwachen im Grunde die ganzen Abläufe. Mein Torwächter ist der große Bär, einer meiner Geistführer, den ich schon sehr lange kenne. Es ist auch der Geistführer, den ich am besten kenne. Zoey, ein Geistführer aus meiner Kindheit, von dem ich schon ein paar Mal geschrieben habe, ist jetzt nicht mehr so aktiv. Er war hauptsächlich dazu da, mich auf meinem medialen/spirituellen Weg zu bringen. Diese Aufgabe hat er sehr erfolgreich gemeistert, und vielleicht führt er inzwischen andere Menschen dahin. Weil ich bereits weiter bin, wäre er bei mir auch überflüssig.

Immer wieder habe ich Schüler, die sich eine gewisse Zeit für die Medialität interessieren und in diesem Stadium natürlich auch viele Geistführer haben, die sich um sie kümmern. Aber viele Schüler geben nach Tagen, Wochen oder Monaten auf, und dann gehen die Geistführer zum Nächsten. Wenn sich ein Mensch nicht mehr mit der Medialität beschäftigt, werden die Geistführer überflüssig und gehen. Sie unterstützen lieber jemanden, der sich Mühe gibt, Zeit investiert und sich weiterentwickeln möchte, da durch unsere Entwicklung auch ihre Entwicklung voranschreitet. Auch bei mir wäre das so, würde ich nicht mehr als Medium arbeiten, würden meine Geistführer gehen. Ich würde neue bekommen, die für meinen neuen Lebensabschnitt zuständig wären.

Ich habe zurzeit viele Geistführer, da ich mich mit vielen verschiedenen spirituellen Themen beschäftige. Wenn man viele hat, heißt das nicht, dass man besser oder größer ist. Vielleicht braucht man einfach aktuell mehr Hilfe. Mir fällt auf, dass immer wieder neue Geistführer kommen und andere gehen. Ich kenne nicht mal mehr alle, für mich ist es aber auch nicht so wichtig, wie und wer die einzelnen Wesenheiten sind, ich weiß, dass sie mir helfen, mich unterstützen und für mich da sind.

Wenn ich bei meinen Seminaren den Kursteilnehmern helfe, in Kontakt mit ihrem eigenen Geistführer zu kommen, ist es für mich immer wieder spannend. Denn dann sind immer sehr viele Geistführer aus der Geistigen Welt da und betrachten sich ihre neuen »Schützlinge«. Nicht jeder Teilnehmer bringt schon einen Geistführer zum Kurs mit, viele finden ihren Geistführer erst während dieses Wochenendes. Manchmal erinnert es mich bei den Seminaren ein bisschen an eine Versammlung, es finden sich dort viele Geistführer ein und schauen, mit welchem Menschen sie in Zukunft vielleicht zusammenarbeiten. Auch kommt es immer wieder vor, dass mehrere sich um jemanden kümmern und versuchen, mit ihm in Kontakt zu treten. Manchmal klappt es und manchmal kommen die Botschaften aus der Geistigen Welt bei den Teilnehmern nicht an. Für mich ist aber immer sehr erstaunlich, wie viel Mühe sich die Geistige Welt gibt, um uns zu helfen, sie zu erfahren. Auch wenn es am Anfang vielleicht nicht klappt, wer sich Mühe gibt und nicht zu schnell aufgibt, wird mit Sicherheit ein sehr starkes und kompetentes Team an seiner Seite haben.

Nicht die Anzahl der Geistführer ist wichtig, sondern dass wir mit denen, die bei uns sind, regelmäßigen Umgang pflegen. Wir müssen die Geistführer bitten, dass sie uns zur Seite stehen. Sie unterstützen und fördern uns erst auf unsere Bitten hin. Und ganz wichtig, wir haben den freien Willen, wir können selbst entscheiden, ob wir Hilfe annehmen oder nicht. Aber Achtung, manchmal sieht die Hilfe aus der Geistigen Welt nicht so aus, wie wir oder besser gesagt unser Ego das gerne hätte. Viele Menschen bitten nicht um Führung, sondern betteln, dass jemand aus der Geistigen Welt kommt und ihnen die »Arbeit« abnimmt. Da ist es klar, dass solche Bitten natürlich auf taube Ohren stoßen. Die Geistige Welt will nur das Beste für dich, und wenn deine Bitten unvernünftig sind, gehen sie zum Glück für dich nicht in Erfüllung.

Zum Schluss dieses Kapitels möchte ich noch kurz anfügen, dass andere Medien die Geistführer in Gruppen unterteilen, die so aussehen können: intellektuelle Geistführer, weise Geistführer, handwerklich begabte Geistführer, kreative Geistführer, motivierende und tröstende Geistführer, Geistführer für Spaß und Spiel, kindliche Geistführer und weitere. Im Grunde vereint sich das in meiner Aussage, dass Geistführer Spezialisten auf ihrem Gebiet sind. Ich denke, dass die Übergänge sehr fließend sind und man sie nicht in Gruppen oder Schubladen unterteilen sollte. Nur auf die letzte Gruppe möchte ich noch kurz ein bisschen eingehen.

Kindliche Geistführer

Kindliche Geistführer gibt es sehr häufig. Viele von uns können sich sicherlich noch gut an die Zeit erinnern, als wir unsere kindlichen Geistführer gesehen haben. Viele Kinder haben unsichtbare Freunde, und dass sind meistens nichts anderes als unsere Geistführer. Ich sehe bei vielen Kindern auch kindliche Geistführer. Aber als Erwachsener hat man ebenso immer mal wieder ein Kind als Geistführer. Nur muss man auch hier wieder klar unterscheiden. Viele Eltern, die ihr Kind verloren haben, sagen dann: »Mein Kind ist jetzt mein Geistführer oder mein Schutzengel!«, doch dem ist meiner Meinung nach leider nicht so. Meist sind die Kinderseelen, die die Welt früh wieder verlassen haben, sehr weit entwickelte Wesen, aber direkt nach dem Tod können sie höchstens die Aufgabe eines Geisthelfers übernehmen. Im Grunde ist das nicht so wichtig, wichtig ist allein, dass die Eltern wissen, dass es ihrem Kind gutgeht und dass es immer noch da ist. Ob es jetzt ein Engel ist oder nicht, ist sowieso eine Bewertung im Kopf.

In der Geistigen Welt gibt es sehr viele Kinder als Geistführer oder Geistführer, die sich als Kinder zeigen. Wenn ich bei einer erwachsenen Person ein Kind als Geistführer sehe, dann weiß ich, dass dieser Geistführer versucht, ein bisschen Leichtigkeit in das Leben zu bringen oder das innere Kind oder die Kindlichkeit zurückzugeben. Bei sehr verbissenen Menschen oder bei jenen, die einfach die Freude am Leben verloren haben, sehe ich immer wieder kindliche Geisthelfer, die mit ihrer fröhlichen und unbekümmerten Art das innere Kind zurückbringen wollen. Wenn du selbst merkst, dass du verbissen bist oder dir die Lebensfreude ein bisschen fehlt, bitte doch um einen kindlichen Geistführer, der dir hilft, dein Lächeln wieder auf deine Lippen zu zaubern. Auch bei jenen, die in der Seele ein Kind geblieben sind, nehme ich meistens mehr kindliche Geistführer wahr als bei anderen Erwachsenen. Falls du Kinder hast und sie spielen mit imaginären Freunden, weißt du jetzt, dass sie höchstwahrscheinlich mit ihren Geistführern spielen.

Übungen für den Alltag

Immer wieder höre ich die Leute sagen: »Mir fehlt die Zeit, um zu üben. Gibt es nicht eine andere, schnellere Möglichkeit, um mit dem Geistführer in Kontakt zu kommen? Ich finde, die wenigen Minuten pro Tag sollten wir uns für einen guten Freund Zeit nehmen. Aber selbst mir fehlt manchmal die Zeit zu meditieren, oder sagen wir es besser so, ich habe manchmal das Gefühl, mir fehlt dafür die Zeit. Schauen wir nur mal, wie viel Zeit wir mit unnützen Dingen verbringen. Ich denke, wenn man wirklich will, dann findet man immer Zeit, egal wie beschäftigt man ist. Dabei fällt mir meine Freundin Bahar ein, sie meint dazu: »Ich habe keine Zeit für mich oder meine Geistführer? Ich stehe einfach um fünf Uhr morgens auf, dann habe ich genügend Zeit.« Bei ihr sind das nicht nur Worte, ich weiß leider aus Erfahrung, dass sie es wirklich tut. Pünktlich um fünf Uhr früh klingelt bei uns der Wecker, und sie steht auf. Ich habe Glück, meine Geistführer schlafen zu der Zeit noch. Es kommt natürlich immer darauf an, wie der Alltag eines Menschen aussieht. Dennoch weiß ich, wenn man etwas wirklich will, dann findet man immer ein paar Minuten für seine Geistführer. Eine Zeitlang hatte ich keine Mühe, selbst ein paar Stunden pro Tag zu finden, um zu meditieren, um meine Übungen zu machen. Aber seitdem ich immer bekannter werde oder wenn ich auf Buch- oder Vortragstournee bin, finde ich auch nicht immer die Zeit, wie ich es mir wünsche. Meistens jagt ein Termin den anderen, und ich fahre von einem Ort zum anderen, da bleibt nicht mehr so viel Zeit. Häufig werde ich dabei von anderen Personen begleitet, bin nicht so viel allein und habe deshalb nicht so viel Zeit, um mich zurückzuziehen.

Daher habe ich Übungen entwickelt, die nicht viel Zeit in Anspruch nehmen, um die Verbindung mit meinen Geistführern zu vertiefen. Diese einfachen Übungen möchte ich dir nun vorstellen. Ich beginne damit meistens am Morgen vor dem Aufstehen. Ich bleibe noch kurz liegen und versuche, mich in die Geistige Welt einzufühlen. Ich bitte sie einfach kurz, mir nah zu kommen. Das kannst du auch tun, du musst dafür deine Geistführer weder sehen noch wirklich fühlen. Du musst dir einfach nur bewusst machen, dass sie da sind, um dich zu unterstützen. Manchmal dauert das eine Minute und manchmal zehn, die Zeit spielt keine Rolle.

Die nächste Übung mache ich beim Duschen. Diese Übung ist auch sehr heilend. Bahar hat mich darauf gebracht. Muslime machen jeden Morgen rituelle Waschungen, natürlich nicht nur dann, sondern auch vor jedem Gebet. Ich habe für mich herausgefunden, dass diese Waschungen eine richtige Wohltat sind. Dabei stelle ich mir meine Geistführer bewusst vor und stelle mir die Verbundenheit mit der Geistigen Welt so vor, als wenn das Wasser, das aus der Duschbrause kommt, mich mit Licht und heilender Energie durchflutet. Zuerst wasche ich meine Hände in dem »Lichtwasser«, und zwar immer dreimal. Die Häufigkeit spielt keine Rolle, wenn du möchtest, kannst du es auch hundertmal tun, wichtig ist nur, dass du dabei die Verbindung zu deinem Geistführer fühlst. Danach wasche ich mein Gesicht dreimal mit dem »Lichtwasser«, dann meine Kopfhaut, gehe weiter zu meinen Ohren, zum Hals und zum Genick. Anschließend wasche ich immer dreimal meine Arme, Bauch und Rücken, so gut es geht, Po und Intimbereich, Beine und am Schluss die Füße, wichtig sind auch die Zehenzwischenräume, auch dort dreimal schrubben. Wenn du diese Übung jeden Tag machst, wirst du die Wohltat bald selbst spüren. Sie hat mehrere Aspekte: Du wäschst dich bewusst, schenkst dadurch deinem Körper den nötigen Respekt und die Aufmerksamkeit und du fühlst dich dadurch gereinigt, sowohl psychisch als auch physisch. Denk immer daran, mach es bewusst und stell dir dabei heilende und lichtvolle Energie vor, dann wirst du dich bald auch gesünder und frischer fühlen. Machst du es einfach als unbewusste Abfolge, ohne dabei die Geistige Welt zu fühlen, wirst du auch keinerlei Wirkung spüren. Konzentriere dich auf Reinheit und Heilung, und die wohltuende Wirkung wird sich einstellen. Diese Übung braucht nicht mehr Zeit, als die du sonst zum Waschen brauchst. Deshalb kann man sie gut mindestens jeden Tag einmal machen. Viele finden es vielleicht komisch, wenn sie unter der Dusche stehen und an ihren Geistführer denken sollen. Immer wieder fragen mich auch Kursteilnehmer, ob denn der Geistführer ihnen auch im Bad, beim Umziehen, in der Dusche oder beim Sex zuschaut. Denke immer daran, du hast es hier mit spirituellen Wesen zu tun, die interessieren sich nicht für deinen Körper. Deinem Geistführer ist es egal, wie du aussiehst oder welche Stellung du beim Sex bevorzugst, ihn interessiert nur die Reinheit deines Herzens und deine Aufrichtigkeit.

Weiter geht es dann beim Frühstücken. Früher segnete man das Essen oder sprach ein Gebet, leider ist dieses wunderbare Ritual immer mehr verlorengegangen. Versuche es wieder einzuführen, nimm dir vor dem Essen Zeit, betrachte dein Frühstück liebevoll und segne es in deinen Gedanken. Ich mache das meistens, ich verbinde mich kurz mit der Geistigen Welt und bedanke mich für die Mahlzeit; ich stelle mir vor, dass meine Geistführer meine Nahrung segnen. Das benötigt lediglich ein paar Minuten, je nachdem, wie es für dich stimmt. Ich mache es, und selten bemerkt es jemand, diese Art der Segnung kann man auch machen, ohne dass es das Umfeld registriert. Du wirst dadurch viel bewusster essen, und das allein bringt dir schon beachtliche Vorteile. Viele Krankheiten treten auf, weil wir das Essen herunterschlingen und nicht mehr bewusst kauen. Früher hatte ich viele Lebensmittelallergien, heute kenne ich es nicht mehr oder reagiere nur noch sehr schwach. Ich bin davon überzeugt, dass mir das Segnen geholfen hat. Versuche es bei jedem Essen, und du hast wertvolle Zeit mit deinem Geistführer verbracht.

Eine weitere Übung nenne ich »Dankbarkeitsübung«, mach dir möglichst immer wieder die guten und schönen Momente in deinem Leben bewusst. Ich versuche ganz oft, mir die guten Momente im Leben bewusst zu machen und bedanke mich dann bei meinen Geistführern oder bei Gott dafür. Spannend finde ich, dass, je häufiger man das macht, umso öfter treffen Situationen in meinem Leben ein, wofür ich dankbar sein kann. Wenn du dir jeden Tag die schönen Momente bewusst machst und dafür dankbar bist, werden die dankbaren Momente immer häufiger. Du wirst immer mehr Freude empfinden können. Mir fällt oft auf, dass viele Menschen Freude, Glück, Liebe und andere Emotionen wie Dankbarkeit meist nur denken, aber nicht fühlen. Man hört vielfach nur Worte des Dankes, aber spürt die dankbare Emotion nicht dabei. Wenn wir aber wieder bewusst Dankbarkeit empfinden, können wir auch wieder viel mehr Freude in unserem Leben fühlen. Du wirst dich über Kleinigkeiten freuen können wie damals als Kind. Diese Übung ist extrem heilend für alle Ebenen deines Seins, sie wird leider viel zu oft unterschätzt. Ich bin davon überzeugt, dass man dadurch gesünder, erfolgreicher und vor allem glücklicher wird. Versuche, dir die dankbaren Momente wirklich bewusst zu machen und spüre die Dankbarkeit. Ich habe mich eine Zeitlang jeden Abend hingesetzt und mindestens eine A4-Seite geschrieben und mich nur bedankt. Es ist unglaublich, wie sehr sich mein Leben dadurch verändert hat. Ich kann diese Übung einfach nur jedem empfehlen. Es kostet nichts, nicht mal viel Zeit. Versuch, deine Dankbarkeit auf Papier zu bringen, durch das geschriebene Wort hast du es schon das erste Mal manifestiert.

Hier gleich noch eine weitere Übung: Ich stelle mir beim Kochen immer vor, wie die heilende und segnende Energie meines Geistführers durch mich hindurchfließt und mein Essen dadurch hochwertiger macht. Versuche es doch einfach. Manchmal verbinde ich mich auch im Gespräch mit anderen mit der Geistigen Welt und lasse die Energie durch mich hindurch zu meinem Gesprächspartner fließen. Versuche, dies oft in der Partnerschaft zu machen, das kann eurer Liebe nur guttun.

Für alle diese Übungen ist es unwichtig, ob du deinen Geistführer in dem Moment sehen oder richtig fühlen kannst, wichtig ist nur, dass du dir seine Präsenz bewusst machst. Natürlich kannst du auch immer mal wieder ein paar Minuten innehalten und in die Meditation gehen.

Eine Übung, von der ich hoffe, dass du sie nicht täglich brauchst, ist die Konfliktlösung mit dem Geistführer. Wenn ich zum Beispiel Streit mit jemandem habe und merke, ich komme da allein nicht weiter, ziehe ich oft meinen Geistführer hinzu. Diese Übung klingt sehr einfach, und doch weiß ich, wie kraftvoll sie ist. Nehmen wir mal an, du hast mit jemandem Streit, und es gibt im Moment keine Lösung oder du kannst sie nicht sehen, dann bitte deinen Geistführer, er soll dir sehr nah kommen. Erzähle ihm alle deine Sorgen, erzähle ihm genau, was dich belastet, warum es dich belastet, und dann bitte ihn, er möge zum Geistführer der anderen Person gehen und mit ihr reden. Es ist unglaublich, was dann passiert. Wichtig ist, du musst dich wirklich auf die Übung einlassen und deine Gedanken wirklich in Ruhe zu deinem Geistführer schicken. Ich habe immer wieder erlebt, dass die Übung von einem auf den anderen Tag wirkt. Manchmal dauert es auch länger. Aber habe Geduld! Verlange keine schnelle Lösung, manche Lösungen brauchen halt etwas länger. Ich kann dir aus eigener Erfahrung berichten, ich hatte schon extrem hoffnungslose Fälle, und bis jetzt habe ich alle positiv abschließen können.

Häufig schicke ich auch einer Person, die Hilfe oder Unterstützung braucht, einen Geistführer, damit sie die Situation besser überstehen kann. Oder du schreibst deinem Geistführer oder dem Geistführer eines Freundes einen Brief, schreib alles auf, was dich belastet, oder schreib Worte der Dankbarkeit und warte ab, was passiert. Bist du eventuell mit jemandem nicht in Harmonie, schreib doch einmal an dessen Geistführer einen Brief, aber achte darauf, dass du nicht über die Person in dem Brief herziehst oder sie beschimpfst, schildere dem Geistführer einfach und möglichst neutral deine Situation mit Person XY und bitte um Hilfe oder eine Lösung. Schreibst du aus dem Herzen heraus, wird eine Lösung kommen.

Und am Ende des Tages verbinde ich mich kurz vor dem Schlafengehen noch einmal mit der Geistigen Welt. Versuche es. Falls du Sorgen hast, eine Antwort brauchst oder dir ein Zeichen wünschst, bitte deinen Geistführer darum. Nimm dir aber wirklich Zeit dafür, erkläre ihm die Situation ganz genau. Erwarte als Lösung aber nicht deine Wünsche, sondern eine Antwort, ein Zeichen. Deine Geistführer werden dir nicht »blind« deine Wünsche erfüllen, sie werden dir helfen, deine Probleme zu lösen, so dass du daran wachsen kannst.

Wie du siehst, gibt es viele ganz einfache Übungen für den Alltag. Du kannst am Morgen damit beginnen und am Abend, bevor du ins Bett gehst, deinen Tag mit dem Geistführer beenden. Überlege einmal, fallen dir noch weitere Gelegenheiten und Übungen ein?

Kann jeder Geistführer/Engel wahrnehmen?

Diese Frage ist einer der häufigsten Fragen, die mir überhaupt gestellt werden. Sei es bei den Seminaren oder den Vorträgen, und eigentlich ist sie sehr leicht zu beantworten. Allerdings muss man zuerst einmal klären, was die Fragenden unter »wahrnehmen« verstehen. Es geht hier nicht um die direkte Wahrnehmung durch die Ohren oder Augen. Das ist zwar möglich, aber das können nur sehr wenige. Jedoch nicht, weil diese Menschen etwas Besonderes oder etwas Besseres sind, sondern weil sie in dem Bereich sehr talentiert sind. Selbst bei einem Medium, das Geistführer sehr deutlich wahrnimmt, sei es durch Sehen, Hören oder Spüren, geschieht dies nie mit den physischen Organen. Mir geht es so, dass, wenn ich ein Geistwesen sehe, sei es ein Verstorbener oder ein Geistführer, ich vielfach den Eindruck habe, ich sehe es mit meinen physischen Augen. Viele Seminarteilnehmer kommen mit einem falschen Bild in die Seminare, sie denken, sie können nachher die Geistige Welt physisch sehen oder hören. Doch das ist noch keinem Seminarteilnehmer gelungen. Selbst mir gelingt das nicht täglich, obwohl ich jeden Tag übe. Ich hatte wohl das große Glück, dass ich schon immer Geistführer sehen konnte, nicht immer bewusst, doch soweit ich zurückdenken kann, kommen mir viele Erinnerungen, in denen ich bewusst oder unbewusst mit meinen Geistführern in Verbindung stand.

Meiner Meinung nach kann jeder mit seinen Geistführern in Verbindung treten. Doch solltest du dich
von Vorstellungen lösen, die nicht real oder sogar uto-
pisch sind. Mir ist schon klar, dass meine Bücher oder
auch die Bücher von Medien-Kollegen nicht gerade
förderlich sind, um den Lesern ein reales Bild zu geben. Da wir in unseren Büchern den Kontakt mit der
Geistigen Welt sehr real beschreiben, einfach damit es
für den Leser verständlich wird, entstehen natürlich
falsche Vorstellungen. Auch können wir uns mit
Geistführern nicht so unterhalten wie mit einem lebenden Menschen. Wäre das der Fall, dann wäre das
absolut genial. Auch wenn viele Menschen behaupten, sie sehen oder hören Geistführer so wie eine lebende Person, habe ich immer festgestellt, wenn ich
es überprüft habe, dass es nicht stimmt.

Aber grundsätzlich, ja, es ist möglich, dass jeder in
Kontakt mit seinem Geistführer treten kann. Ich werde im Folgenden Übungen erläutern und beschreiben,
wie die Geistige Welt mit uns kommuniziert und wie
du sie und ihre Sprache verstehen kannst. Wie du in
Kontakt treten kannst mit deinem Geistführer. Du
musst nicht alle Übungen machen, doch ich gebe dir
verschiedene Möglichkeiten, die Geistige Welt zu erfahren. Einige Übungen benötigen mediales Grundtalent, andere können schnell und ohne viel Übung
durchgeführt werden. Ich werde auf den folgenden
Seiten auch einige Meditationen beschreiben. Du
kannst diese Meditationen auf ein Band sprechen oder
dir einfach den Text merken. Falls du das nicht möchtest, findest du viele der Meditationen auch auf meinen Meditations-CDs.

Vorübung für jeden Tag

Die nun folgende ganz einfache kurze Übung ist die wichtigste, aber auch die einfachste. Ich nenne sie »Werde dir deines Geistführers bewusst«. Diese Übung empfehle ich dir, immer und immer wieder zu machen. Egal, was du gerade tust. Ob du auf etwas wartest, am PC arbeitest, dich unterhältst, egal, du kannst diese Übung in jeder Situation machen. Du musst dazu nicht einmal die Augen schließen, am Anfang würde ich es dir aber empfehlen. Lies dir bitte alle nun folgenden Übungen vor, so dass du dir den Ablauf merken kannst, oder sprich sie auf Band auf und spiele sie dann ab. Lass dir einfach genügend Zeit zwischen den einzelnen Sätzen, so dass du die Übungen in Ruhe durchführen kannst. Oder leg dir eine meiner Meditations-CDs mit dieser Übung ein. Bitte überspringe diesen Teil nicht, er ist der wichtigste des ganzen Buches.

Vorübung
Nimm dir kurz Zeit und schließe die Augen, konzentriere dich auf deinen Atem. Werde dir deiner Umgebung bewusst, achte darauf, wie sich der Raum und die Umgebung anfühlt. Probiere, dich mit jedem Atemzug mehr und mehr zu entspannen. Bitte jetzt deinen Geistführer, langsam von hinten an dich heranzutreten, achte darauf, wie sich die Energie um dich herum verändert. Achte auf deine Umgebung und auf den Raum. Lass deinen Geistführer ganz nah herankommen, so nah, dass er sogar seine Hände auf dei-

ne Schultern legen kann. Halte einen Moment inne und bitte ihn dann, langsam wieder zurückzutreten; achte wieder darauf, wie sich alles um dich herum verändert. Wie verändert sich der Raum, die Umgebung? Bitte ihn jetzt noch mal, wieder heranzutreten. Achte wieder auf die Veränderung. Bitte ihn noch zwei- bis dreimal, wieder heranzutreten und mache diese Übung sehr bewusst. Komme dann, wenn es für dich richtig und gut ist, wieder hierher zurück in den Raum. Lass dir aber Zeit.

Diese Übung ist wirklich sehr einfach, und daher empfehle ich meinen Schülern, sie sehr häufig zu praktizieren. Viele fragen mich warum, und ich sage immer, weil ich mich dadurch an das Gefühl gewöhne beziehungsweise immer klar fühle, wenn mein Geistführer mir nah kommt oder wenn er sich mit mir verbindet. Dann muss ich ihn nicht sehen oder hören, sondern ich weiß, sobald ich diese leichte Verbindung spüre, sofort, dass er da ist und ich mit ihm arbeiten kann. So wirst du ihn mit der Zeit auch in schweren Situationen wahrnehmen können, und das ist am Anfang nicht leicht. Wenn du emotional aufgebracht bist, zum Beispiel in tiefer Trauer, wird es anfangs sehr schwer sein, die Verbindung zu unserem Geistführer wahrzunehmen. Doch das Ziel ist es ja, in jeder Situation in Verbindung mit der Geistigen Welt zu treten. Früher wollte ich natürlich auch wissen, wie mein Geistführer aussieht und wie er heißt und ... Heute mache ich mir vielfach nur die Gegenwart meines Geistführers bewusst, und ich weiß einfach, dass er da ist. Mit der Übungspraxis wirst du auch sofort fühlen, ob dir mehrere Geistführer zur Seite stehen, und wer gerade bei dir ist. Es ist ähnlich wie mit realen Personen, du kannst diese Übung gerne mal ausprobieren. Bitte verschiedene Personen, sich hinter dich zu stellen und dann langsam näher zu kommen. Fühle ihre Energie. Du wirst merken, jede Person fühlt sich anders an. Vielleicht kannst du sogar von Anfang an erkennen, wer hinter dir steht. Wichtig bei dieser Übung ist vor allem, dass du die Unterschiede wahrnimmst. So ist es auch mit den Geistführern, jeder fühlt sich anders an. Mich interessiert nicht mehr, wer sie sind und wie sie aussehen, mir reicht es, wenn ich einfach fühle, dass sie da sind und mich unterstützen. Auch wenn ich sagte, dass diese Übung leicht ist, heißt es nicht, dass sie unbedingt schon beim ersten Mal klappen muss. Lass dir Zeit beim Üben und denke daran, mit einem Lächeln auf den Lippen geht es leichter!

Wie finde ich den Namen
meines Geistführers?

Möchtest du den Namen deines Geistführers erfahren, dann mach zuerst die folgende Übung und lies erst dann weiter. Nimm dir für die Übung so fünfzehn bis fünfundzwanzig Minuten Zeit. Setz dich bequem hin. Ich empfehle dir, dich nicht hinzulegen, wer liegend meditiert, läuft Gefahr, dass er nicht den Namen des Geistführers kennenlernt, sondern das Sandmännchen.

Übung
Setz dich mit geradem Rücken auf einen Stuhl. Nimm wahr, wie beim Einatmen die Nasenflügel kühl werden und beim Ausatmen wärmer. Bei jedem Ausatmen entspannst du dich mehr und mehr. Lass dir Zeit. Versuche dich nur auf deine Atmung zu konzentrieren. Einatmen ... Ausatmen ... Einatmen ... Ausatmen. Bitte nun deinen Geistführer, er möchte näherkommen, achte darauf, wie sich die Energie um dich herum verändert. Nimm wahr, wie du und dein Geistführer langsam eins werden. Mit jedem Ausatmen entspannst du dich mehr und mehr. Mit jedem Einatmen wird die Verbindung zu deinem Geistführer enger und enger. Konzentriere dich nur auf die Atmung. Einatmen, die Verbindung wird enger, Ausatmen, du entspannst dich mehr und mehr. Einatmen ... Ausatmen ... Einatmen ... Ausatmen, lass dir Zeit. Bitte nun deinen Geistführer, er möge dir seinen Namen sagen. Zähle bis drei, und du wirst klar und deutlich einen Namen in deinem Bewusstsein haben. Nimm den ersten Namen, der in dein Bewusstsein eintritt. Zweifle nicht daran, auch wenn der Name sich vielleicht sehr »normal«

oder eben sehr »anormal« anhört. Merke dir einfach den Namen, den du gefühlt hast. Komm dann langsam wieder ins Hier und Jetzt zurück.

Ich bin überzeugt, dass du einen Namen erhalten hast. Vielleicht hast du dir den Namen anders vorgestellt oder bist im Moment enttäuscht, weil du etwas anderes erwartet hast. Vielleicht, und das wünsche ich dir, bist du aber auch überglücklich über den Namen. Ich merkte erst nach meiner Ausbildung, als ich öffentliche Sitzungen gab, wie wichtig es für die Menschen ist, den Namen ihres Geistführers zu wissen. Ich kann mich noch gut daran erinnern, wie es damals bei mir war. Ich weiß noch, wie ich damals meinen damaligen Geistführer gefragt habe, ob ich ihm den Namen Zoey gegeben habe oder ob er mir den Namen gesagt hat. Ich denke, einige von euch fragen sich jetzt genau dasselbe. Einige denken bestimmt: »Ach, der Name, den ich während der Meditation erhalten habe, kommt aus meinem Verstand. Den habe ich mir bestimmt nur ausgedacht.« Ich erinnere mich noch genau an die Antwort meines Geistführers Zoey: »Ihr Menschen braucht einen Namen für uns, wir aber sind im Grunde nur Energie, und Energie braucht keinen Namen, dennoch geben wir euch einen Namen für uns, damit ihr uns direkt ansprechen könnt. Aber nicht, weil wir das brauchen.« Ich fragte damals weiter: »Ja, aber hast du mir den Namen ›Zoey‹ gegeben oder habe ich ihn dir in meiner Kinderphantasie genannt?« »Ist das wichtig? Mir ist es egal, ob du mich Zoey oder Hans nennst, wichtig ist für mich nur, dass du mit mir in Kontakt stehst, dass wir Freunde sind. Wie mein Name lautet, ist mir nicht wichtig, und du solltest dir keine Gedanken darüber machen. Nenne mich so, wie es für dich richtig ist.« Zuerst war ich ein bisschen enttäuscht über diese Antwort. Im Laufe meiner Ausbildung habe ich viele sehr gute andere Medien kennengelernt, sogar viele der weltbesten, und immer mal wieder kam die Frage auf wegen des Namens der Geistführer, und immer wieder hörte ich, dass die anderen Medien von ihren Geistführern auch dieselbe oder eine sehr ähnliche Antwort bekommen haben, wie ich damals von Zoey. Heute ist es mir nicht mehr wichtig, wie ein Name eines Geistführers lautet, nur bei meinen Geistführer-Seminaren tauchen diese Fragen am häufigsten auf.

Dabei fiel mir aber noch mehr auf. Ich mache mit den Teilnehmern meiner Kurse immer die Meditation von oben und neunundneunzig Prozent bekommen dann auch einen Namen, aber viele zweifeln am Anfang an der Echtheit. Für mich ist dieser Moment immer sehr spannend, da ich ja hellsichtig die Geistführer meiner Schüler wahrnehmen kann, und mir fällt auf, dass die Energie der Namen immer sehr passend zu den Geistführern ist. Was ich damit meine? Stell dir mal den Namen »Hans« vor. Jetzt stell dir zu diesem Namen einen Mann vor. Der Name »Hans« löst in den meisten Menschen etwas sehr Erdiges, Bodenständiges und Einfaches aus. Sicherlich steckt dein Hans nicht unbedingt in einem Anzug, sondern er ist bestimmt eher einfach gekleidet. Auch würde man den Charakter eines Hans anders beschreiben als den eines Leonardo. Oder nehmen wir den Namen »Maria«, da würde man eher an eine Mutter, eine liebevolle Frau denken und zumeist nicht an eine jähzornige verbitterte ältere Dame. Ich weiß, das ist hier sehr bildlich gesprochen, doch ich hoffe, es ist verständlich, was ich damit meine. Im Grunde ist der Name fast immer die Energie, die der Geistführer mitbringt. Denke bitte daran, dass ein Geistführer schon viele Inkarnationen hinter sich hat, und wenn er sich uns eventuell als Chinese zeigt, heißt das nicht, dass er ein Chinese ist, sondern dass er vielleicht einmal ein Chinese war, der uns in philosophischen Dingen unterrichten oder dabei helfen soll, zumeist steht ja der Chinese als Symbol für die Philosophie. Aber ich gehe einfach davon aus, dass diese Wesenheit bei einer Inkarnation ein Chinese war und sich nun uns so zeigt, wie es am besten passt.

Immer wieder mal höre ich von Menschen, die ganz berühmte Geistführer haben, beziehungsweise das von sich denken. Das ist jedoch bei den wenigsten der Fall. Besonders Merlin, Jeanne d' Arc, Jesus, Maria, Napoleon, Platon und Sokrates oder ähnliche bekannte Persönlichkeiten werden oft genannt. So etwas trägt natürlich nicht gerade zur Glaubwürdigkeit bei. Wie sieht es zum Beispiel aus, wenn ein Mann, der gerade seine Trance-Medialität ausbildet, immer wieder mitten in der Nacht aufsteht und in Unterhosen Lieder von Elvis Presley singt und dann verwundert ist, dass sich seine Frau um ihn sorgt. Oder, ich habe gehört, dass ein anderes Medium davon überzeugt ist, dass der legendäre John Lennon von den Beatles durch sie spricht. Da bekommt das Lied »Imagine« (vorstellen/ sich etwas ausdenken!) eine ganz andere Bedeutung. Es gibt leider viele Menschen und Medien, die sich durch ihre Geistführer in den Mittelpunkt stellen möchten. Aber nur bei ganz wenigen konnte ich dann tatsächlich ein bekanntes Geistwesen sehen. Langsam verlassen wir das Thema »Namen« und gehen zum Aussehen deines Geistführers.

Wie sieht mein Geistführer aus?

Ich möchte dich am Anfang gar nicht allzu lange auf die Folter spannen. Ich werde in den Kursen oder Sitzungen oft gefragt, ob ich nicht sagen könne, wie der Geistführer oder der Engel aussähe. Ich mache das nicht so gern, da ich es schöner finde, wenn die Kursteilnehmer oder die Klienten ihren Geistführer selbst erfahren. Deswegen möchte ich mit dir jetzt auch eine Reise zu deinem Geistführer machen. Bitte merke dir den Text gut oder spreche ihn auf Band.

Übung
Setz dich gerade auf einen Stuhl. Nimm wahr, wie beim Einatmen die Nasenflügel kühler und beim Ausatmen wärmer werden. Bei jedem Ausatmen entspannst du dich mehr und mehr. Lass dir Zeit. Konzentriere dich nun auf deine Atmung. Einatmen ... Ausatmen ... Einatmen ... Ausatmen. Bitte deinen Geistführer näherzukommen, achte darauf, wie sich die Energie um dich herum verändert. Bitte nun deinen Geistführer, wieder ein paar Schritte zurückzutreten und achte wieder darauf, wie sich die Energie um dich herum verändert. Versuch es zu fühlen und nicht mit dem Kopf zu verstehen. Bitte deinen Geistführer nun, wieder näherzukommen und beobachte die Energie um dich herum. Bei jedem Einatmen nimm wahr, wie du und dein Geistführer langsam eins werdet. Mit jedem Ausatmen entspannst du dich mehr und mehr. Mit jedem Einatmen wird die Verbindung zu deinem Geistführer enger und enger. Konzentriere dich nur auf die Atmung. Einatmen, die Verbindung wird

enger, ausatmen, du entspannst dich mehr und mehr. Einatmen … Ausatmen … Einatmen … Ausatmen, lass dir Zeit.

Bitte nun deinen Geistführer, er möge dich bei der Hand nehmen, und nimm wahr, wie er dich langsam berührt. Stell dir vor, wie du und dein Geistführer sich langsam auf den Weg machen. Es ist ganz normal, dass du deinen Geistführer noch nicht klar erkennen kannst, es reicht, dass du einfach seine Anwesenheit spürst. Lass dich von deinem Geistführer leiten, und er nimmt dich jetzt mit an einen stillen Ort. An einen Ort, den nur dein Geistführer kennt. Doch du weißt, dass dieser Ort gut und schön sein wird. Du fühlst, wie die Freude in dir mit jedem Schritt größer und größer wird. Wie dein Vertrauen zu deinem Geistführer immer mehr wächst und du eins auf allen Ebenen des Seins mit deinem Geistführer wirst. Lass dich einfach führen und entspanne dich mehr und mehr … (Pause)

Nimm wahr, wie du langsam einen Raum betrittst. Schau dir den Raum genau an. Lass dir Zeit … Im Raum kannst du eine Polstergruppe erkennen. Setz dich dort hin und entspanne dich. Du fühlst, dass sich dein Geistführer zu dir setzt. Schließ im Geiste deine Augen und drehe deinen Oberkörper so, dass dein Geistführer direkt vor dir sitzt. Fühle nur seine Energie, wie ist sie? Ist sie kalt oder warm? Fühlt sie sich männlich oder weiblich an? Groß oder klein? Versuch die Energie auf allen Ebenen deines Seins zu verstehen. Lass dir Zeit … Öffne nun im Geist deine Augen, lass aber die physischen Augen geschlossen. Versuch nun, deinen Geistführer mit deiner Hellsichtigkeit zu erkennen. Zweifle nicht daran, dass du es kannst. Lass vor deinem inneren Auge Bilder von deinem Geistführer entstehen. Schau als Erstes seine Hände an! Sind sie groß oder klein? Sind es Männer- oder Frauenhände? Alt oder jung? Hell oder dunkel? Schau nun das Gesicht an und lass dir dabei Zeit. Ver-

such, das Gesicht in jeder Einzelheit zu erkennen. Entspann
dich und setz dich nicht unter Druck. Lass die Bilder einfach
entstehen, egal ob sie ganz scharf und klar sind oder ver-
schwommen oder ob du mehr eine Ahnung vom Aussehen
hast, als dass du es wirklich siehst. Das ist nicht wichtig.
Lass dir Zeit und schau dir alles an …

Bedanke dich nun bei deinem Geistführer dafür, dass er
bei dir war, und verabschiede dich. Komm dann langsam
wieder ins Hier und Jetzt zurück. Lass dir aber Zeit, bis du
wieder die Augen öffnest.

Ich hoffe, dass dir diese Übung Spaß gemacht hat.
Konntest du deinen Geistführer sehen? Falls nicht,
verzweifle nicht und mach einfach die Übung noch
einmal. Hast du dir deinen Geistführer so vorgestellt?
Oder doch eher anders? Es war für mich ein ziemli-
cher Schock, als ich als Jugendlicher meinen imaginären Freund fragte, wer er sei, und erfuhr, dass er mein
Geistführer sei. Lange war mir gar nicht bewusst, dass
es scheinbar nicht normal ist, wenn man Geistführer
sieht. Ich dachte immer, jeder Mensch sieht sie auch,
nur man redet nicht darüber. Ich fragte also meinen
Freund Zoey aus der Geistigen Welt, wer er sei, und er
sagte: »Ich bin dein Geistführer.« »Aha«, meinte ich,
»also bist du mein Schutzengel?« Zoey entgegnete:
»Ja, wenn du mich so nennen möchtest, bin ich dein
Schutzengel oder dein Geistführer, für mich spielt es
keine Rolle.« Ich konnte erst nicht glauben, was ich da
hörte. Ich hatte ein ganz anderes Bild von Engeln und
Geistführern. Das sagte ich Zoey ziemlich deutlich.
»Ich kann mir nicht vorstellen, dass du ein Geistführer
bist, ein Geistführer muss doch alt und weise sein, ich
stelle mir einen Geistführer ganz anders vor, so mit

langen weißen Haaren, du sprichst so einfach und verständlich. Ein weiser Mann muss sich auch weise anhören. Ein Geistführer muss so wie Miraculix von Asterix und Obelix aussehen, bestimmt aber nicht so wie du.« Zoey sagte nichts, er schaute mich nur an und ging. In den nächsten Wochen konnte ich Zoey nicht mehr wahrnehmen, und ich dachte schon, ich hätte meinen Schutzengel verloren. Ich weiß nicht mehr genau, wie viele Wochen vergingen oder ob es nur Tage waren. Doch auf einmal nahm ich ein neues Geistwesen an meiner Seite wahr. Ich war überrascht und überglücklich, denn dieser Geistführer war genau so, wie ich in mir vorgestellt hatte. Er sah aus wie ein weiser alter Druide. Ich nahm mit ihm Kontakt auf, stellte ihm Fragen, und da waren die Antworten so, wie ich es mir vorgestellt hatte. Tief, weise und vor allem sehr kompliziert. Ich gebe es heute zu, ich habe kaum etwas verstanden, aber ich war eine Zeitlang zufrieden, weil ich dachte, dass ich jetzt ein sehr hoch entwickeltes spirituelles Wesen neben mir habe. Heute muss ich darüber lachen, wie groß mein Ego doch war. Meine absolute »Erleuchtung« kam nach ein paar Wochen. Mir fiel es immer schwerer, mit den komplexen Antworten glücklich zu werden, und so fragte ich den Geistführer: »Sag mal, wie heißt du eigentlich?« »Ich bin Zoey!« »Was, wie mein Zoey?« »Ja, ich bin dein Zoey!« »Und warum siehst du so komisch aus? Warum redest du so geschwollen? Ich verstehe gar nichts mehr!« »Du wolltest es doch so! Du wolltest einen weisen, gescheiten und alten Mann!« »Nein, ich will meinen Zoey wieder zurück, der junge freche und etwas verrückte, und vor allem möchte ich deine Antworten wieder verstehen können. Auch wenn sie sich manchmal nicht so intelligent anhören, verstehe ich sie doch sehr viel besser, und mir fehlt die Weisheit in der Einfachheit deiner Worte.« Mein Freund ließ mich nicht im Stich und nahm sofort wieder sein altes Sein an. Diese Begegnung hat mir vor allem gezeigt, dass sich unsere Geistführer meistens so zeigen wie wir sie annehmen können, also so wie es für uns und unsere Entwicklung stimmt und passt.

Dein Geistführer zeigt sich dir so, wie es deiner Vorstellung entspricht. Manchmal überrascht es uns auch, oder wir denken, er sollte anders sein, so wie ich bei Zoey. Im Nachhinein bin ich allerdings froh darüber, dass Zoey so ist, wie er ist. Ich habe vorhin geschrieben, dass ich es nur ganz selten gesehen habe, dass eine berühmte oder sagen wir besser eine bekannte Persönlichkeit Geistführer oder Begleiter eines Klienten oder eines Mediums ist. Aber einige wenige haben mich sehr beeindruckt, davon möchte ich euch hier erzählen. Als ich am Arthur Findlay College meine Ausbildung zum Trance-Heilen machte, ging mein Lehrer, Steven Upton, während des Unterrichts in Trance, und sein Geistführer Robert Koch sprach durch Steven. Für mich ist Trance in den letzen zehn Jahren etwas ganz Natürliches geworden, doch so eindrücklich wie an jenem Tag bei Steven habe ich es noch nie erleben dürfen. Ich nahm hellsichtig sehr klar seinen Geistführer, diesen Robert Koch, wahr und konnte ihn auch gut sehen. Robert gab uns viele Tipps, wie wir unsere Heilarbeit verbessern können. Als Steven aus der Trance zurückkam, meinte er: »Oh, das war Robert Koch, der durch mich gesprochen hat, für die, die es interessiert, gebt mal bei Google ›Robert Koch‹ und ›Tuberkulose‹ ein.« Mehr sagte er nicht und unterrichtete weiter. Plötzlich hatte ich gemischte Gefühle und dachte: »Hm, schade, dass Steven es nötig hat, uns eine bekannte Persönlichkeit als seinen Geistführer zu verkaufen.« Obschon so bekannt, kannte ich Robert Koch nicht. Ich prägte mir aber immer, wenn er kam und durch Steven sprach, sein Gesicht und alles ganz genau ein. Während der Ausbildung hatten wir keinen Zugang zum Internet, und so konnte ich es nicht überprüfen. Aber das, was ich in der Woche gesehen habe und was uns Steven gelehrt hat, war so unglaublich, dass es mir ehrlich gesagt gleichgültig war, ob es diesen Robert Koch wirklich gab oder nicht. Zu Hause schaute ich noch am selben Tag im Internet nach und fand heraus: »Robert Koch (* 11. Dezember 1843 in Clausthal; † 27. Mai 1910 in Baden-Baden) war ein deutscher Mediziner und Mikrobiologe, dem es gelang, den Erreger des Milzbrands, der Tuberkulose und der Cholera nachzuweisen, später entwickelte er noch das Tuberkulin. 1905 erhielt er den Nobelpreis für Medizin.« Diese Information fand ich interessant, aber nicht so wichtig, was mich jedoch wirklich umhaute, waren die Bilder/Fotos von Robert Koch. Ich erkannte ganz genau den Geistführer von Steven Upton. Das war für mich schon ein sehr spannendes und auch berührendes Erlebnis.

Selbstheilung mit deinem Geistführer

Hier kommt nun eine wunderbare Heilmeditation für dich. Eine, die du täglich machen kannst, egal ob du krank oder gesund bist. Sie wird dich stärken, wird deine Verbindung zu deinem Geistführer vertiefen und deine Selbstheilungskräfte aktivieren. Es gibt verschiedene Möglichkeiten, mit dem Geistführer zu heilen. Hier geht es um eine Selbstheilung, in einem anderen Kapitel werde ich noch darüber schreiben, wie man anderen Menschen mit den Geistführern Heilung geben kann.

Übung

Setz dich gerade auf einen Stuhl. Nimm wahr, wie beim Einatmen die Nasenflügel kühl werden und beim Ausatmen wärmer. Bei jedem Ausatmen entspannst du dich mehr und mehr. Lass dir Zeit. Konzentriere dich nur auf deine Atmung. Einatmen... Ausatmen... Einatmen... Ausatmen. Bitte nun deinen Geistführer, näherzukommen, spüre, wie sich die Energie um dich herum verändert. Bitte deinen Geistführer, er möge wieder ein paar Schritte zurücktreten und spüre, wie sich die Energie um dich herum verändert. Versuch es vom Gefühl her wahrzunehmen und nicht mit dem Kopf. Bitte deinen Geistführer nun, wieder näherzukommen und beobachte die Energie um dich herum. Bei jedem Einatmen nimm wahr, wie du mit deinem Geistführer langsam eins wirst. Mit jedem Ausatmen entspannst du dich mehr und mehr. Mit jedem Einatmen wird die Verbindung zu deinem Geistführer enger und enger. Konzentriere dich nur auf die Atmung. Einatmen, die Verbindung wird enger, Ausatmen, du entspannst dich mehr und mehr. Einatmen ... Ausatmen ... Einatmen ... Ausatmen, lass dir Zeit.

Nun bitte deinen Geistführer, er möge seine Hände auf deine Schultern legen, und bitte ihn, dir heilende Energie zu schicken. Nimm die Hände auf deinen Schultern wahr. Versuch, sie richtig zu fühlen. Lass dir auch hier wieder Zeit. Fühle und beobachte, wie die Energie von deinem Geistführer kommt und von ihm durch dich hindurchfließt. Wisse, dass diese Energie dich stärken und dir helfen wird, Blockaden und Krankheiten auf allen Ebenen deines Seins aufzulösen. Bleib mit deiner Aufmerksamkeit während der nächsten Minuten nur bei der heilenden Energie deines Geistführers. Mach dir bewusst, wie dein ganzer Körper von diesem heilenden Licht durchflutet wird. Sieh, wie dein Kopf und deine Schulter voller Licht sind ... Fühle, wie du dich dadurch mehr und mehr entspannst. Fühle, wie deine Arme und deine Hände mit Licht durchflutet werden ... Dein Hals und dein Nacken werden mit Licht durchflutet ... Dein Nacken ist entspannt und voller Licht. Deine Brust und dein Oberkörper werden mit Licht durchflutet. Jede einzelne Zelle deines Seins füllt sich mit Licht und heilender Energie ... auch dein Bauch und dein unterer Rücken werden jetzt mit dem heilenden Licht gefüllt. Dein Darm, dein Magen und dein ganzes Verdauungssystem entspannt sich und wird geheilt. Die Muskulatur deines ganzen Körpers wird entspannt ... Die Heilung fließt weiter in dein Becken, es wird auf allen Ebenen durchflutet, deine Oberschenkel werden mit dem Licht deines Geistführers gefüllt. Die Heilung fließt über die Knie weiter zu deinen Unterschenkeln in deine Füße ... Jetzt ist dein ganzer Körper mit heilendem Licht durchflutet, jede Zelle deines Körpers nimmt die hei-

lende Schwingung auf und wird gesund und kraftvoll. Füh-
le, wie mit jedem Atemzug die Heilenergie stärker und hel-
ler wird. Lass die Energie anwachsen und intensiver wer-
den. Dehne die Energie immer mehr und mehr aus ... sie
wird stärker und heilender ...

Die Verbindung zwischen dir und der Geistigen Welt
wird intensiver ... Stell dir nun vor, wie auch deine Aura mit
Licht und Heilung durchflutet wird. Stell dir vor deinem in-
neren Auge deine leuchtende und geheilte Aura vor ... Bleib
jetzt ein paar Minuten ganz konzentriert bei deiner heilen-
den Aura, auf deinem heilenden Körper und nimm wahr,
wie jede Zelle auf jeder Ebene heil schwingt ...

Bedanke dich nun langsam bei deinem Geistführer, dass
er bei dir war und dir Heilung geschenkt hat, und verab-
schiede dich. Komm dann langsam wieder ins Hier und
Jetzt zurück, lass dir aber Zeit, bis du wieder die Augen öff-
nest.

Sitting in the power

»Sitzen in der Kraft« oder »Sitzen für die Geistige Welt«, wie ich es auch gerne nenne, ist sehr ähnlich wie eine Meditation, jedenfalls wenn man es von außen betrachtet. Alle Übungen, die ich hier im Buch beschreibe, sehen aus wie Meditationsübungen, sind es aber im Grunde nicht, auch wenn ich sie so nenne. Es sind eher Imaginationsübungen, die uns helfen, den Kontakt zur Geistigen Welt herzustellen. Der Weg zur Geistigen Welt führt über die Vorstellungskraft, aber wir können mit unseren Hell-Sinnen nur das wahrnehmen, was wir schon einmal erlebt oder erfahren haben, ob in unserer Vorstellung oder im wirklichen Leben spielt dabei keine Rolle. Bei der Meditation im klassischen Sinn haben Geistwesen nichts verloren. In der klassischen Meditation geht es darum, nichts zu wollen, loszulassen, sein eigenes Geistwesen zu entwickeln, und um die eigene spirituelle Entwicklung. Meistens benutzt man nur den Atem oder einen Ton, ein Mantra, ein Bild oder irgendetwas, was einem hilft, den Fokus zu halten. Ziel ist es, während der ganzen Zeit bei diesem Punkt oder Mantra zu bleiben, nichts anderes geschehen zu lassen. Bei Imagination mit Geistführern oder auch bei meinen Heilmeditationen haben wir ein Ziel, wir wollen etwas erreichen, und das ist der gravierende Unterschied zur klassischen Meditation. Auch wenn es vielleicht nicht für alle Leser so wichtig ist, möchte ich es doch einfach erwähnt haben.

Die Meditation im klassischen Sinn fördert die Konzentration, und die brauche ich als Medium. Mein Beruf fordert von mir eine absolute Konzentration, meistens erhalte ich die Informationen von Verstorbenen im Sekundentakt oder sehe extrem schnelle Bilder, und wenn ich da während einer Sitzung an etwas anderes denke oder nicht bei der Sache bin, verpasse ich sehr viele Informationen. Das ist auch einer der Gründe, warum ich keine zehn Sitzungen am Tag geben kann. Wenn ich zu viele Sitzungen halte, kann ich am Abend kaum noch einschlafen, da ich so viele Eindrücke empfangen habe. Das kennt jeder, wenn er sehr viele spannende oder hektische Erlebnisse am Tag hatte, dass der Geist abends nicht zur Ruhe kommt. Da hilft auch kein Meditieren. Mein Wahrnehmungszentrum ist dann überreizt. Dann kommt noch hinzu, dass ich vor allem Jenseitskontakte gebe, also jeden Tag mit Tod und den Todesursachen konfrontiert werde. Die meisten, die zu mir kommen, möchten Dinge geklärt bekommen, und ganz häufig ist es eben die Todesursache, somit sehe ich diese immer bei den Sitzungen, das strengt ungemein an. Am Abend muss ich mich dann bemühen, alle Bilder wieder loszulassen, und das ist für mich das Schwierigste. Früher hatte ich kein Problem damit, doch umso bekannter ich werde, desto härter werden die Fälle.

Keiner wartet lange auf einen Beratungstermin, wenn er nicht wirklich unter dem Tod von jemandem leidet. Nur drei bis fünf Klienten pro Jahr kommen aus Freude zu mir. Als Ausgleich für mich gebe ich Heilbehandlungen, das hilft mir zu regenerieren und loszulassen.

Nun aber zurück zur Übung »Sitting in the Power«. Diese Übung habe ich bereits ganz am Anfang meiner Ausbildung kennengelernt. Es ist eine meiner Lieblingsübungen, weil alles und nichts geschehen kann. Jeder, der einen ernsthaften Kontakt mit seinem Geistführer möchte oder gar als Medium arbeitet, sollte diese Übung regelmäßig praktizieren. Während meiner Ausbildungszeit wurde uns vorgeschrieben, dass wir jeden Tag fünfundvierzig Minuten meditieren und fünfundvierzig Minuten für die Geistige Welt sitzen sollten. Anfangs habe ich das nicht so regelmäßig gemacht, und heute bereue ich es manchmal, dass ich nicht disziplinierter war, jedenfalls wenn es um Meditation oder »Sitting in the Power« ging. Diese Übung braucht man, damit die Geistige Welt unsere Energie oder besser gesagt unser Aurafeld »einstellen« kann für eine bessere Kommunikation. Wenn man diese Übung regelmäßig macht, werden automatisch die medialen/sensitiven Fähigkeiten erheblich verbessert. Die Geistige Welt, unsere Geistführer können uns dann viel näher kommen. Ich nutze diese Übung auch für spirituelle Fragen oder für Fragen, die meine Medialität betreffen. Zum Beispiel wenn ich nicht weiß, wie ich mich verbessern oder ein Problem lösen kann. Manchmal mache ich sie auch einfach so, ohne Absicht, ohne Ziel, und dann kann es sein, dass ich unterrichtet werde oder dass ich Heilung bekomme oder dass einfach an meinen Energien und Energiezentren (Chakras) herumgeschraubt wird. Diese Übung ist auch sehr wichtig für unsere Geistführer, es gibt neuen Geistführern die Möglichkeit, besser und schneller den Zugang zu uns zu finden, oder Geistführer-Lehrlingen an und mit uns zu üben. Nicht alle

Geistführer sind Profis, ja, es gibt Anfänger, jeder muss einmal anfangen, und auch in der Geistigen Welt beginnen alle irgendwann einmal. Wir brauchen jedoch keine Angst zu haben, diese werden immer von einem »Lehrmeister« begleitet, und es kann nichts schiefgehen. Und falls doch, bekommen es die meisten gar nicht mit! Nein, wirklich keine Sorge.

Diese Übung dient dazu, dass deine außersinnlichen Fähigkeiten erweitert und angepasst werden. Es ist wirklich eine wunderbare Übung, vor allem weil man kein Gegenüber braucht, keine Hilfsmittel, man kann sie überall machen, und das Beste ist, sie kostet nichts! Okay, außer ein bisschen Zeit und Freude! Na ja, und vielleicht die Nerven deines Geistführers.

Übung
Setz dich gerade auf einen Stuhl. Nimm wahr, wie beim Einatmen die Nasenflügel kühl werden und beim Ausatmen wärmer. Bei jedem Ausatmen entspannst du dich mehr und mehr. Lass dir Zeit. Versuche, dich nur auf deine Atmung zu konzentrieren. Einatmen ... Ausatmen ... Einatmen ... Ausatmen. Entspann dich mit jedem Atemzug mehr und tiefer. Geh nun mit deinem Bewusstsein zu deiner Herzgegend, stell dir vor, dass du dort ein kleines goldiges Lichtlein hast. (Du kannst dir eine Kerze, ein Feuer, eine Feuerkugel oder was auch immer vorstellen.) Nimm wahr, dass dies dein göttliches Licht ist, es ist das, was du WIRKLICH bist. Lass dieses Licht mit jedem Einatmen immer größer und heller werden. Beim Ausatmen entspannst du dich immer mehr ... Lass dir Zeit ... Einatmen, das Licht wird größer. Ausatmen, du wirst immer entspannter ... Lass dir Zeit, und dehne dein Licht so weit aus, bis dein ganzer Körper ausgefüllt ist mit deinem reinen göttlichen Licht ... Sobald dein ganzer Körper

bis in jede einzelne Zelle durchflutet ist von dem Licht, deh-
ne dein Licht weiter über deine Aura hinaus aus. Dehne es
bis ca. fünfzig bis hundert Zentimeter um deinen Körper he-
rum aus. Lass dein göttliches Licht um dich herum leuchten
und strahlen ... Lass dir Zeit ... Sobald deine Aura mit dem
Licht komplett durchflutet ist, bitte nun deinen Geistführer
zu dir und nimm wahr, wie er langsam an deine Seite tritt.
Lass eine tiefe und innige Verbindung entstehen. Stell dir
vor, wie beim Einatmen eure Verbindung tiefer und fester
wird und ihr euch immer näher kommt ... Lass dir auch hier
wieder Zeit ... Bitte ihn nun, er möge etwas Richtiges und
Gutes für dich tun ... (Später kannst du dann auch direkte
Fragen stellen, aber lass die ersten zehn Mal die Geistige
Welt dich einfach »einstellen« auf ihre Schwingung. Nach
der »Einstellung«, es wird dir gesagt, wann sie zu Ende ist,
kannst du deine Fragen stellen oder um Heilung bitten, was
immer du möchtest.) Lass einfach geschehen, was geschehen
soll, und nimm einfach nur wahr ... Lass alles los ... Bleibe
so für die nächsten zwanzig bis dreißig Minuten und komm
erst dann zurück, wenn du merkst, dass sich deine Geist-
führer langsam von dir zurückziehen ... Lass dir Zeit beim
Zurückkommen ... Öffne erst dann die Augen, wenn du
wieder ganz zurück bist und dich richtig und gut fühlst.

Wie kommunizieren die Geistführer mit uns?

Die Geistführer haben sehr viele Möglichkeiten, mit uns zu kommunizieren. Du hast bereits einige in den vorherigen Übungen kennengelernt. Grundvoraussetzung für diese Übungen ist, dass du bis zu einem gewissen Grad deine außersinnlichen Fähigkeiten schon geschult hast oder in Zukunft viel üben wirst. Ohne Übung wirst du kein befriedigendes Resultat erzielen. Deswegen möchte ich dir hier die einfachste Kommunikation mit den Geistführern zeigen, die es gibt. Diese Übung mache ich immer zuerst mit meinen Kursteilnehmern, auch wenn es im Grunde keine richtige Übung ist, sondern eher eine Bewusstmachung. Viele unterschätzen diese Übung, weil sie wirklich sehr einfach ist. Die meisten wollen ihre Geistführer hellsichtig, hellfühlend und hellhörend wahrnehmen, doch das setzt voraus, dass man sich sehr intensiv mit seinen Geistigen Freunden beschäftigt und der Entwicklung seiner medialen Fähigkeiten Zeit lässt, auch wenn man schon ein gutes Grundtalent mitbringt. Obschon meine Medialität schon seit frühester Kindheit bei mir ziemlich ausgeprägt war, trainiere ich bis heute weiter. Ich kann aufgrund meiner Übungen heute meine Geistführer viel intensiver und vielschichtiger wahrnehmen als früher. Als Kind habe ich sie viel besser gesehen, da meine Hellsichtigkeit als Kind und in meiner frühen Jugend sehr ausgeprägt war. Es gab Zeiten, da konnte ich nicht unterscheiden, ob ich eine verstorbene oder eine noch lebende Person sehe, dafür nehme ich sie heute sehr viel präziser wahr. Mir ist natürlich bewusst, dass die wenigsten Leser meines Buches Lust haben, die nächsten zehn bis dreißig Jahre täglich zu üben, um mit der Geistigen Welt zu kommunizieren. Deswegen schreibe ich dir hier diese sehr einfache Methode auf, wie du schnell und sicher klare Antworten von deinem Geistführer erhalten wirst. Ohne viel zu üben! Ich hätte nicht gedacht, dass ich diese vier Worte mal sagen würde.

Ich arbeite selbst sehr viel mit dieser Methode, jedenfalls immer dann, wenn ich nicht im Gleichgewicht bin und deswegen eine mediale Kommunikation nicht möglich ist. Immer wenn ich sehr gestresst oder emotional in ein Thema sehr stark verwickelt bin oder meine Ängste und Muster mir im Weg stehen, greife ich auf diese Methode des Bewusstwerdens zurück. Ich bin überzeugt, dass du die nun folgenden Zeilen sehr leicht in deinen Alltag integrieren kannst und mit wirklich nur ganz wenig Übung zu zuverlässigen und erfolgreichen Antworten aus der Geistigen Welt kommen wirst. Du musst nur wieder lernen, auf die Zeichen in der realen Welt zu achten. Deine Geistführer sprechen zu dir über Fernsehen, Zeitung, Fotos, Menschen, Begegnungen, Situationen, Tiere oder anderes. Doch meistens, wenn wir auf einem spirituellen Weg sind, vergessen wir die einfachste Kommunikationsmöglichkeit, weil sie uns zu einfach und zu unspektakulär erscheint. Wir wollen lieber richtig hellsichtig, hellhörend oder zumindestens hellfühlend sein. Diese außersinnlichen Wahrnehmungsmöglichkeiten sind jedoch kein Privileg oder besonderes Geschenk, es sind nur Möglichkeiten, die Geistführer wahrzunehmen, und ehrlich gesagt, sehr beschränkte bei den meisten Menschen.

Aber wie funktioniert die Methode des Bewusst-werdens? Im Grunde ist es leicht, du musst einfach wieder mehr auf deine Umgebung achten, das meine ich mit »Bewusstwerden«. Den Menschen und Situationen um dich herum wieder bewusst zuhören und versuchen, die Zeichen darin zu verstehen. Hier ein paar Beispiele, damit du verstehst, was ich damit meine. Sicher hast du schon Ähnliches erlebt. Du überlegst dir zum Beispiel, ob du einen Kurs an der Schule XY besuchen sollst. Du machst dir ein paar Gedanken darüber und fährst dann im Zug zur Arbeit. Du setzt dich, und dort liegt eine Zeitung. Du blätterst gelangweilt ein bisschen darin herum und findest plötzlich ein Inserat der Schule XY. Etwas später belauschst du die Gespräche der Mitfahrenden und hörst plötzlich, wie jemand erzählt, dass sie einen Kurs in der Schule XY gemacht hat und vollkommen begeistert war. Später triffst du einen Arbeitskollegen, mit dem du dich vielleicht noch nie unterhalten hast, und er erzählt dir von einem Kurs an der Schule XY. Solche Beispiele kennen wir alle oder? Das meine ich, wenn ich sage, Zeitung, Fernsehen, Fotos, Menschen, Begegnungen, Situationen, Tiere oder anderes sprechen zu dir. Sicher muss man dabei darauf achten, dass die Zeichen wirklich aus der Geistigen Welt kommen, beziehungsweise dass unser Geistführer uns in Situationen schickt, in denen wir die Zeichen erkennen können. Wir sollten nicht nach den Zeichen suchen. Wenn ich gern eine Heilerausbildung machen möchte, mir eine Eso-Zeitschrift kaufe und sage: »Pu, da sind so viele Inserate von Heilerschulen und Ausbildungen, danke, mein Geistführer, für deine klaren Zeichen«, dann ist das relativ dumm und hat nichts mit Zeichen zu tun. Du sollst die Zeichen nicht suchen, sondern bewusst sehen, wenn dir ein Zeichen oder eine Situation geschickt wird, in der eine Botschaft für dich steckt. Ebenso wichtig ist natürlich, dass du, auch wenn ein Zeichen kommt, das vielleicht nicht dem entspricht, was du dir wünschst, es dennoch als Zeichen akzeptierst und nicht probierst, es schönzureden, oder ein anderes suchst. Das habe ich auch schon gemacht, und es ist nicht weiter verwunderlich, dass dann meistens keine wirklich idealen Dinge dabei herauskamen, da es keine Zeichen aus der Geistigen Welt waren, sondern selbst herbeigeführte.

Als ich diese Zeilen hier schrieb, war ich in Ingolstadt/Deutschland, und gerade dort bekam ich ein lustiges Zeichen. Bahar und ich gingen ein bisschen in die Stadt und unter anderem auch in eine große Buchhandlung. Ich meinte zu Bahar: »Lass uns mal schauen, ob die hier auch meine Bücher am Lager haben, es ist eine sehr große Buchhandlung und eigentlich müssten sie mein Buch haben.« Wir gingen also in die Esoterikabteilung, die aber nicht besonders groß war, und ich suchte meine Bücher, in der Hoffnung, wenigstens eins zu finden. In der Schweiz ist es etwas anderes, da finde ich meine Bücher überall, in fast allen Buchhandlungen, Postshops, Kiosken und sogar im Coop. Da ist es für mich normal, dass ich immer mal wieder an meinen Büchern vorbeilaufe. Aber in Deutschland freue ich mich immer noch wie ein kleines Kind über meine ausgelegten Bücher. Leider aber fand ich mein Buch dort nicht und ja, ich gebe es zu, ich war schon ein bisschen enttäuscht. Bahar meinte: »Sei nicht traurig!« Und als sie das sagte, drehte ich mich zu einem Kunden-PC um, dort waren alle meine Bücher auf dem Bildschirm zu sehen. Vor kurzem erst hatte jemand hier nach meinen Büchern gesucht, ich ging zum Kunden-PC und freute mich ein klein wenig, dass meine Bücher wenigstens so ein bisschen in dem großen deutschen Buchladen vorhanden waren. Ich schaute genauer hin und sah, dass dort jemand eine Kundenrezension über mein Buch geschrieben hatte, und ich gebe es zu, diese Kundenrezension hat mir viel Freude gemacht. Ich glaube, es war eine der schönsten, die ich gelesen habe. Für mich war das ein sehr schönes Zeichen, dass ich nicht enttäuscht sein soll. Ich würde mich freuen, wenn es bald auch in Deutschland eine Ausnahme wäre, dass meine Bücher fehlen.

Hier ein weiteres Erlebnis, das ich erst vor ein paar Wochen hatte, es ist ein bisschen kurios. Es begann, als wir einen kostenlosen Heilertag bei uns im Center veranstalteten. An diesem Tag war bei uns alles kostenlos, die Heilmeditation am frühen Morgen, und später gaben Bahar und ich kostenlose Trance-Heilbehandlungen. Wer wollte, durfte eine Spende dalassen. Als wir um die Mittagszeit Pause machten, ging ich zum Spendentisch, und jemand hatte Biscuits, Nudeln und Tomatensauce auf den Spendentisch gestellt. Ich fand die Idee ganz witzig, jedenfalls zuerst. Wir gingen mittags mit unseren freiwilligen Helfern Arlette und Andi essen, ich möchte ihnen an dieser Stelle noch einmal danken. Nach dem Essen kamen wir zurück ins Center, und mir fielen die gespendeten Biskuits ein. Da es eine meiner Lieblingsbiskuits waren, freute ich mich schon darauf, sie mit den anderen zu teilen. Okay, ich freute mich mehr auf die Biskuits als auf das Teilen. Da Bahar noch nicht so lange in der Schweiz wohnt, kannte sie diese Sorte nicht, und ich schwärmte ihr davon vor. Sie nahm eins und na ja, sagen wir es mal nett, ihr Gesichtsausdruck war nicht gerade so, als ob sie etwas wunderbar Feines essen würde. Ich sagte noch: »Das sind für mich wirklich die besten Biskuits.« Auch Arlette und Andi priesen die Marke. Als ich sie dann probierte, musste ich zugeben, dass der Geschmack irgendwie nicht so gut war. Ich meinte dann: »Hm, die müssen eine neue Rezeptur verwendet haben, auch die Verpackung ist anders als früher.« Wir haben dann alle nicht so viel gegessen, und das Teilen fiel mir leicht. Nach dem Mittag gingen die Heilbehandlungen weiter, und ich fühlte, kurz bevor ich wieder in Trance ging, ein leichtes Unwohlsein, nur führte ich es eher darauf zurück, dass ich schon seit vier Uhr früh wach war und schon fast zehn Stunden gearbeitet hatte. Am Abend war mir immer noch leicht unwohl, doch ich dachte mir nichts dabei. Die Geschichte ging aber noch weiter. Zwei Wochen später, an einem Freitag, Bahar war in Deutschland, und ich hatte abends noch einen Zirkel und am Wochenende ein Seminar, das ich bei uns im Center leiten sollte. Ich war gerade mit meinen Sitzungen fertig, da sah ich die Nudeln mit Tomatensauce auf meinem Büchergestell in der Praxis und dachte mir: »Oh, das ist ideal, Bahar ist weg, sie mag Nudeln sowieso nicht so gern, da kann ich sie mir schnell kochen.« Ich musste aber vorher auf die Toilette, und auf dem Weg dorthin hörte ich plötzlich die Stimme meines Geistführers: »Sie sind abgelaufen!« »Wer ist abgelaufen?« »Die Lebensmittel sind nicht mehr frisch, pass auf!« Ich lachte und dachte, also jetzt spinn ich wirklich langsam, da habe ich mich wohl verhört. Noch nie hat mich ein Geistführer vor abgelaufenen Produkten gewarnt. Zurück im Zimmer ließ mir meine Neugier keine Ruhe, und ich staunte nicht schlecht, als ich sah, dass die Nudeln und die Sauce uralt waren. Da kamen mir die Biskuits wieder in den Sinn, wahrscheinlich waren die ebenfalls uralt. Ich kann nicht verstehen, wie uns jemand so eine Spende geben kann, vor allem für eine Heilung! Ich war kurz enttäuscht, und dann vergaß ich es wieder. Am Abend bekam die Warnung von meinem Geistführer jedoch noch eine ganz andere Bedeutung. Ich hatte Zirkel, und es waren so um die fünfunddreißig Teilnehmer im Zirkel. Plötzlich kam eine Teilnehmerin zu mir und sagte: »Die beiden Toiletten sind verstopft.« Es war unglaublich, aber alle Toiletten im Center waren verstopft, und ich hatte drei Stunden Unterricht mit fünfunddreißig Teilnehmern. Zu allem Elend war ich auch noch allein im Center. So organisierte ich jemand, der die Toiletten reinigte, und nebenan lehrte ich den Teilnehmern ihre eigene Sensitivität zu entdecken. Es war ein richtiger Horrorabend, und ich musste die ganze Zeit daran denken, dass ich am nächsten Tag wieder ein Seminar habe, daher hoffte ich, dass bis dahin die Toiletten wieder in Ordnung waren. Zum Glück lief alles im Großen und Ganzen gut, außer dass ich jetzt ein Verstopfungstrauma habe. Erst später wurde mir richtig bewusst, wie groß mein Glück war, dass mich mein Geistführer vor den abgelaufenen Lebensmitteln gewarnt hatte. Im Nachhinein kann ich über die Geschichte mehr als nur lachen.

Die größte Schwierigkeit bei der Kommunikation mit Geistführern oder mit andern Wesen in der Geistigen Welt ist die, dass wir das Gefühl brauchen, dass sie mit uns so kommunizieren, wie wir Menschen miteinander kommunizieren. Doch das ist, wie ich schon geschrieben habe, nicht der Fall. Diese Schwierigkeiten werden noch verstärkt, weil die Geistführer nicht im strengen Sinn mit uns »reden«. Alle Nachrichten, ob sie akustisch, visuell oder sogar taktil (Tastsinn) empfangen werden, werden in einer symbolischen Form übermittelt. Ich erkläre es immer so, dass diese Symbolsprache ähnlich einer Fremdsprache ist, je mehr ich sie gelernt habe, je mehr ich mich damit auseinandersetze, umso besser kann ich sie verstehen. Meine Beispiele in diesem Buch sollen dir helfen zu verstehen, was ich mit der Symbolsprache meine. Es sind Zeichen von außen, die an dich herantreten. Es können auch Zahlen, geometrische Figuren, Musik oder Tiere sein. Alles, womit dir deine Geistführer eine Botschaft senden, kann benutzt werden. Auch ein Tier kann für dich eine Botschaft enthalten. Ich habe eine Zeitlang, immer wenn ich eine wichtige Frage hatte und keine direkte Antwort empfing, um eine Feder gebeten, und zwar von einem »Falken«, die bei uns in der Nähe ihre Kreise ziehen. Ich weiß nicht, ob es Falken sind, aber es sind Greifvögel. Jedenfalls immer, wenn meine Frage »positiv« war oder wenn ich etwas machen sollte, dann fand ich so eine Feder direkt vor meinen Füßen, ohne dass ich sie suchen musste. Für mich sind das dann sehr klare Botschaften, manchmal war es vielleicht auch Zufall, aber es war immer gut oder positiv, wenn ich eine Feder fand. Fand ich keine, wusste ich, dass dieses Angebot oder diese Antwort negativ war, machte ich es dann dennoch, bekam ich auch immer die »Rechnung« dafür.

Ein anderes Erlebnis, auch mit Vögeln, hatte ich, kurz bevor mein Vater starb. Ständig waren Krähen um mich, wenn ich mit meinem Hund Panda spazieren ging. Sie waren richtig in der Nähe, und Panda versuchte wie verrückt, die Krähen zu verjagen. Es war ganz eigenartig, weil Panda sonst nie so groß auf Vögel reagiert hatte. Es war verrückt, aber es passierte nicht nur einmal, sondern öfter. Ich dachte dabei: »Krähen, nach keltischer Mythologie der Vogel des Todes.« Erst drei Tage später, als mein Vater starb, wurde mir bewusst, was es bedeutete. Danach waren dann keine Krähen mehr um mich, und auch Panda reagierte nicht mehr auf Krähen oder Vögel. Ein paar Jahre später sah ich wieder ständig Krähen um mich und Panda, diesmal jedoch jagte Panda sie nicht weg, und zwei Tage später musste ich Panda der Geistigen Welt überlassen. An dieser Stelle ist es mir ganz wichtig zu sagen, dass du, lieber Leser, jetzt nicht in Panik gerätst, wenn du Krähen siehst, es war einfach ein Symbol für mich, es ist nicht auf andere übertragbar.

Ich bin davon überzeugt, dass dein Geistführer für dich passende Symbole findet, um dir seine Botschaften zu übermitteln. Was auch sehr häufig vorkommt, ist, dass man Musik hört, und wenn man jemanden fragt, der auch im Raum ist, ob er diese Musik ebenfall hört, bekommt man die Antwort, dass keine Musik gespielt wird. Das könnte dann Hellhören gewesen sein. Oder man studiert an einem Problem herum oder an einer Frage, und in dem Moment kommt der Lieblingssong aus dem Radio, das könnte dann durchaus ein Zeichen sein. Das haben wir bestimmt alle schon erlebt.

Gerade bei diesem Kapitel bekam ich viele Zeichen aus der Geistigen Welt und musste dann darüber lachen, wie schwierig es doch immer wieder auch für mich ist, die Zeichen zu erkennen. Ich bekam ein Angebot von einer Organisation, die mich für einen Vortrag und ein Seminar buchen wollten. Anfangs freute ich mich sehr und habe es glücklich einer Kollegin erzählt. Sie sagte: »Lustig, ich kenne die Organisation, ich bin nächste Woche dort bei einem Seminar.« Ich war überrascht, weil die Organisation nicht in der Schweiz ist. Ein paar Tage später rief sie mich an und meinte: »Du, ich soll dir von V. M., die das Seminar in der Organisation gehalten hat, ausrichten, du sollst klare Verträge machen. Es ist ein ziemliches ›Money Game‹ bei dieser Organisation. Sie sind zwar nett, aber als Referent kommt man schlecht weg.« Ich war überrascht und konnte es kaum glauben, aber ich weiß, dass diese Kollegin sehr ehrlich ist und selbst viel Erfahrung als Referentin hat und daher weiß, wovon sie redet. Ich erzählte es Bahar, und sie meinte, ist doch kein Problem, wir bitten meine Schwester, dass sie uns zu guten Verträgen verhilft. Ein paar Tage später telefonierte ich mit meinem Verlag, wir kamen auf die Organisation zu sprechen, und meine Verlegerin erzählte mir genau das Gleiche über die Organisation, nur von einem ganz anderen Fall, aber mit derselben Problematik. Ich sah noch immer nicht, dass mir die Geistige Welt Zeichen schickte. Wir machten die Verträge und schickten sie der Organisation, erst als wir die Antwort bekamen, merkte ich langsam, dass dort etwas nicht ganz so »gut« war. Jetzt überlegte ich noch einmal, ob ich das Angebot annehmen sollte oder nicht. Wir fuhren dann zum Verlag, weil wir über dieses Buch sprechen mussten. Ich dokterte an diesem Kapitel herum und fragte mich auch immer noch, ob ich das Angebot annehmen sollte, auf einmal musste ich lachen und dachte: »Wie viele Zeichen brauchst du noch?« Ich erzählte es Bahar, und auch sie sagte sofort: »Ganz klar, nein, das machst du nicht! Das waren wirklich klare Zeichen.« Endlich war ich überzeugt, dass es die richtige Entscheidung war, den Auftrag nicht anzunehmen.

Weitere Möglichkeiten,
um mit deinem Geistführer
in Kontakt zu treten

Es ist wirklich wichtig, sich vorübergehend von den üblichen Empfindungen und Gedanken frei zu machen. Das ist ohne Übung sehr schwer. Für ein trainiertes Medium sollte es kein Problem sein, und ein gutes Medium muss imstande sein, innerhalb von ein paar Sekunden den Zustand zu wechseln und ein guter Kanal für die Geistige Welt zu werden. Da es nicht einfach ist, in diesen freien Zustand zu kommen, oder auch gar nicht für jeden möglich, gibt es weitere Hilfsmittel, die von vielen Menschen und Medien benutzt werden. Die bekanntesten und geeignetsten Methoden sind Quija-Brett (besser bekannt unter Gläserrücken), automatisches Schreiben, inspiriertes Schreiben, Tischerücken oder Pendeln. Wichtig bei diesen Methoden ist, dass man wirklich überprüft, ob ein Geistwesen als Kommunikator anwesend ist oder ob man die Bewegungen selbst herbeiführt, indem man zum Beispiel selbst Glas, Planchette, Tisch oder Pendel bewegt. Viele, die pendeln, machen die Bewegungen unbewusst selbst, und das Pendel wird nicht von der Geistigen Welt bewegt. Alle diese Methoden sind ungefährlich, wenn man mit dem nötigen Respekt an die Sache herangeht. Immer wieder hört man vom Gläserrücken, dass zum Beispiel Todesdaten vorausgesagt werden. Da kann man aber sicher sein, dass das kein Geistwesen oder gar Dämon oder böser Geist war, sondern dass man das selbst verursacht hat. Vielleicht hat man das Glas unbewusst bewegt.

Ein Geistwesen würde eine solche Information nie weitergeben, schon gar kein Geistführer; und böse Geister gibt es ja nicht. Ich habe es noch nicht erlebt, dass ein vorausgesagtes Todesdatum wirklich eintraf, oder die Menschen nahmen sich durch Selbstmord selbst das Leben. Somit war es eine sich selbst erfüllende Prophezeiung. Ich empfehle dir daher, die folgenden Übungen nur zu machen, wenn du nicht ängstlich bist und am besten zusammen mit einem professionellen Medium. Dieses kann dann überprüfen, wer oder was die Gegenstände wirklich in Bewegung versetzt.

Planchette und Quija-Brett oder Gläserrücken
Diese drei Möglichkeiten, um mit der Geistigen Welt zu kommunizieren, funktionieren im Grunde alle sehr ähnlich, auch ihr Aufbau ähnelt sich. Die Planchette wurde 1853 angeblich von einem französischen Spiritisten erfunden. Es ist eine dreieckige Platte aus Holz oder einem anderen Material, mit kleinen Rädern oder Kugeln auf der Unterseite, damit die dreieckige Holzplatte leicht über ein Blatt Papier rollen kann. In einer Ecke wird ein Bleistift oder ein anderes Schreibgerät befestigt. Für diese kommunikative Auseinandersetzung mit dem Geistführer ist es von Vorteil, wenn man zu zweit ist, es können aber auch mehrere sein. Jeder Teilnehmer legt Zeigefinger und Mittelfinger einer Hand auf die Planchette, die Geistführer bewegen nun die Planchette, und der Stift schreibt die Botschaft der Geistführer auf das Blatt Papier unter der Planchette. Wenn nur zwei Personen die Finger auf die Planchette legen, ist es am besten, bei zu vielen kommt meistens nichts Gescheites heraus. Es gehört

etwas Übung dazu, bis die Planchette ein zuverlässiges Kommunikationsmittel ist. Bei meinen paar Versuchen kamen nur einzelne Worte zum Vorschein, die wirklich Sinn machten. Aber diese Art der Kommunikation ist für jeden Menschen erlernbar. Ich werde am Schluss die Übung noch genauer beschreiben.

Da es mit dem Stift ein bisschen umständlich ist, wurde es leicht abgeändert. Und es wurden Buchstaben von A bis Z, Zahlen von null bis neun und Worte wie Ja und Nein auf Papierzettel geschrieben. Jetzt konnte die Planchette von Buchstabe zu Buchstabe, Zahl oder zum Ja oder Nein wandern, und man konnte die einzelnen Worte so zusammensetzen. Das ist auch das Prinzip des Quija-Bretts. Das heutige Quija-Brett ist meistens eine beschriftete Holzplatte, und die Planchette hat heute keine Räder oder Kugeln mehr, sondern gleitet auf einem Filzstoff auf dem Brett. Das Quija-Brett ist aber keine moderne Erfindung, wie viele vielleicht glauben, schon Pythagoras und sein Schüler Philolaus haben mit einer ähnlichen Methode Botschaften aus der Geisterwelt ans Publikum weitergegeben. Bei ihnen war es allerdings ein spezieller Tisch auf Rädern. Etwas, was sehr oft und gut verwendet wird, wenn man keine Planchette basteln oder kein Quija-Brett kaufen möchte, ist ein normales Trinkglas und Zettelchen mit dem Alphabet, den Zahlen und den Worten Ja und Nein darauf. Wichtig ist ein genügend großer Abstand zwischen den einzelnen Buchstaben und Zahlen, damit man nachher genau sehen kann, welches Zeichen gemeint ist. Das Glas sollte relativ einfach über den Tisch gleiten. Diese Methode der Kontaktaufnahme ist auch geeignet, um mit Verstorbenen in Kontakt zu treten.

Gläserrücken oder das Quija-Brett verwende ich ab und zu, um in einem Übungszirkel meinen Schülern zu zeigen, wie es geht. Außerdem ist es schon sehr erstaunlich, wie es sich anfühlt. Wenn es richtig gut funktioniert, dann spürst du sofort, dass die Planchette von keinem der Anwesenden bewegt wird. Du fühlst den Unterschied sehr stark, ob es eine Wesenheit aus der Geistigen Welt ist oder jemand aus der Runde, der die Planchette schiebt. Viele fragen sich, ob und wie das genau funktioniert, ich habe mir lange überlegt, ob ich überhaupt eine Anleitung dazu schreiben soll. Nicht weil ich Angst habe, dass es gefährlich ist oder jemanden schaden könnte, sondern weil ich genau weiß, dass mir nachher irgendwelche Leser E-Mails schreiben und mir sagen, wie viele böse Geister durch diese Übung mit einem sprechen und wie gefährlich das ist. Ich weiß, dem ist nicht so, die Übung ist absolut ungefährlich, wenn man mit gesundem Menschenverstand darangeht. Man sollte psychisch stabil sein und keine Angst vor der Geistigen Welt haben, das ist wichtig. Stell auch nur Fragen, deren Antworten du wissen möchtest. Denke daran, kommen verletzende Antworten, gar Drohungen oder dein Todesdatum, das ist nie die Geistige Welt! Nie! Kommen solche Botschaften, dann vergiss sie, frage am Anfang nur Dinge, die sich überprüfen lassen, dann weißt du sehr bald, ob die Botschaften echt sind oder nicht. Stell keine Zukunftsfragen, das ist meiner Meinung nach nicht sinnvoll.

Ich halte die nachfolgende für eine schöne Übung. Daher kommt hier die Beschreibung. Bei dieser Übung ist es gut, zu dritt zu sein. Wir haben es auch schon mit acht bis zehn Personen gemacht. Ich würde ein bisschen mit der Personenzahl spielen und ausprobieren. Einige wenige Medien brauchen keine anderen Personen, die können es auch allein. Bei mir hat es allein noch nie geklappt. Am besten hat es bei uns immer mit drei Personen funktioniert. Leg auch noch einen Zettel bereit oder lass ein Tonband laufen, damit die Botschaften nicht verlorengehen. Nach einiger Übung wird die Planchette sehr schnell, und ihr werdet Mühe haben, alle Buchstaben im Kopf zu behalten. Ein Tonband ist gut, am besten wäre noch eine Person, die nur aufschreibt und selbst nicht die Hand auf der Planchette hat. Im Grunde ist es wirklich sehr einfach. Entspannt euch alle, egal ob ihr dazu kurz meditiert oder einfach etwas macht, was euch entspannt, spielt keine Rolle. Bitte nehmt auf keinen Fall Alkohol und Drogen zur Entspannung. Grundsätzlich solltest du bei medialer Arbeit keinen Alkohol trinken und auf gar keinen Fall Drogen konsumieren. Ich nehme keine Schüler auf, die ein Alkohol- oder Drogenproblem haben, auch wenn es »nur« Haschisch ist. Ich empfehle jedem, der bei mir die Ausbildung machen möchte, er möge wiederkommen, wenn er sechs Monate clean ist. Ich halte Drogen für gefährlich, weil man da Halluzinationen bekommt und dann plötzlich böse Dinge sehen kann, die aber nicht existent sind, sondern eben Halluzinationen, aber großen Schaden in der Psyche hinterlassen können.

So, aber zurück zum Thema, wichtig ist mir, dass ihr ohne große Erwartungen an die ganze Sache herangeht. Nehmt eine Hand und legt Zeigefinger und Mittelfinger auf das Glas oder Planchette, je nachdem, am Anfang hilft es, wenn die Hand in der Luft ist und nicht auf dem Tisch aufliegt, auch die Finger sollten das Glas nur leicht berühren. Jetzt stell eine Frage, ob jemand da ist: »Ist jemand da?« Warte, ob das Glas zu Ja geht oder irgendwie ein Zeichen gibt, dass jemand da ist. Die nächste Frage könnte dann lauten: »Hast du eine Botschaft für jemanden, oder wer bist du?« Du kannst danach jede Frage stellen. Bedenke aber, dass es nicht gleich von der ersten Sekunde an klappen wird, manchmal braucht es ein bisschen länger. Ganz wichtig ist noch, es hilft dir, wenn du es in einer freudigen Haltung machst, ohne Druck. Es gibt viele bekannte Medien, die Monate gebraucht haben, bis sie eine gescheite Antwort bekamen. Meist klappt aber das Ja und Nein sehr schnell.

Auch bei mir klappt es nicht immer auf Anhieb oder immer gleich gut. Vor allem, wenn ich es länger nicht mehr gemacht habe, da ich selbst kaum, nur ab und an mal zum Spass, mit dem Glas oder dem Brett arbeite. Beim letzten Mal war selbst ich überrascht, welche Botschaft kam, sie hat mich sehr berührt. Bahar war bei mir auf Besuch aus Deutschland, und ich habe ihr vom Quija-Brett erzählt, weil mir Dunja, auch ein Medium, vor kurzem zwei Bretter vorbeigebracht hatte für meinen Übungszirkel. Bahar kannte es nicht und wollte es ausprobieren. Ich machte daher den Vorschlag, zu meiner Mutter zu fahren und es mit ihr zusammen zu machen. Mit ihr funktionieren solche Experimente immer sehr gut, irgendwie muss es etwas mit ihrer Energie zu tun haben. Jedenfalls gingen wir zu meiner Mam, und sie hatte nichts dagegen und machte mit. Am Anfang kam Bahars Großvater und gab ihr einige Botschaften. Einige kamen sehr klar über das Brett, aber andere waren sehr unverständlich, da habe ich mit meiner Medialität ein bisschen nachgeholfen und ihr gewisse Botschaften akustisch übermittelt. Noch etwas, wir haben ganz bewusst keine Geistführer gerufen, sondern Verstorbene. Später wechselte das Geistwesen, mein Vater kam und gab uns ein paar Botschaften durch. Plötzlich schrieb er: »Sie wollen verloben!« Der Satz war nicht ganz vollständig, aber ich war geschockt. Denn diese Botschaft war für meine Mutter gedacht, sie hat es zum Glück in dem Moment nicht verstanden, hoffe ich jedenfalls. Bahar und ich hatten nur ein paar Stunden vorher gerade darüber geredet, dass wir uns verloben und dann zusammenziehen möchten. Eigentlich wollte mein Vater schreiben: »Sie wollen sich verloben.« Ich war sehr gerührt von der Botschaft, denn es hat mir wieder einmal gezeigt, wie sehr die Verstorbenen noch an unserem Leben teilhaben oder mitbekommen, was bei uns passiert.

Wer sich für diese Art der Übermittlung interessiert, sollte Informationen über Pearl Curran lesen oder sammeln. Nur wenige Menschen schafften mit dem Quija-Brett so hochwertiges hervorzubringen wie Pearl Curran.

Tischrücken

Etwas sehr Ähnliches ist Tischrücken oder Tischtanzen, wie ich es gerne nenne. Es gibt zwei verschiedene Methoden. Bei der bekanntesten nimmt man einmal klopfen mit dem Tischbein als Ja, zweimal als Nein und dreimal als Vielleicht. Natürlich kann man so, allerdings sehr umständlich, auch das Alphabet klopfen lassen, aber das ist nicht empfehlenswert, also einmal klopfen für A, zweimal für B, dreimal C und so weiter. Man kann auch fragen: »Ist es ein P?«, zweimaliges Klopfgeräusch, also nein. Weiter: »Ist es ein F?«, wieder zweimal. »Ist es ein B?«, einmal, also ein Ja. Wie gesagt, extrem umständlich. Die andere Methode ist, einfach den Tisch tanzen zu lassen, und ein Medium übermittelt zusätzlich die Botschaft. Das ist etwas, was ich sehr gerne mache, wir haben es oft in meiner Ausbildung gemacht. Mir hilft es, als Medium Botschaften zu übermitteln, wenn ich die Bewegungen eines Tisches spüre. Doch leider kann man das in der Praxis kaum machen, die meisten würden wohl Angst bekommen oder es für einen schlechten Trick halten. Ich kann mich noch gut daran erinnern, als ich es das erste Mal sah. Das war während meiner Ausbildung. Im Lehrerkollegium war ein bekanntes Medium aus England, Jean Dallow. Sie ist ein ausgezeichnetes Medium bei der Arbeit mit dem Tisch. Ich hatte inzwischen schon einige Male die Gelegenheit, von ihr zu lernen. Anfangs war ich mehr als nur skeptisch. Als es in der Ausbildungswoche eines abends hieß: »Wir machen Tischtanzen mit Jean«, schaute ich erst einmal nur zu. Mehrere Schüler legten ihre Hände auf einen runden dreibeinigen Tisch. Jean auch, und bald darauf begann der Tisch sich zu bewegen. Er schwankte stark hin und her. Das war für mich noch nicht so außergewöhnlich, da Tische mit drei Beinen nicht stabil sind. Doch der Tisch begann sich sehr schnell durch den ganzen Raum zu bewegen, so dass alle Mühe hatten, überhaupt dem Tisch zu folgen, er wäre auf den Boden gekippt, hätte da nicht die Geistige Welt die Finger im Spiel gehabt. Natürlich habe ich es sofort selbst ausprobiert. Ich war überrascht, wie stark man die Energie fühlt, und es ist nicht möglich, den Tisch auf diese Art zu manipulieren. Vor allem als der Tisch wie wild durch den Raum hüpfte und plötzlich in einer 180-Grad-Position stehenblieb. Unsere Hände lagen nur leicht auf der Tischplatte, wir hätten den Tisch in dieser Position nicht halten können, da war eindeutig die Geistige Welt am Werk. Trotzdem wollte ich es natürlich ganz genau wissen und bat einige Mitschüler, mit mir das Ganze nachzustellen. Aber es war uns nicht möglich, den Tisch in dieser Position zum Stehen zu bringen und zu halten. Keine Chance. Ich habe dasselbe später mit Freunden und meiner Mutter noch einmal ausprobiert, doch auch hier konnten wir es nicht nachstellen. Holten wir aber die Geistige Welt hinzu, funktionierte es einwandfrei.

Tischrücken mache ich gern mit meinen fortgeschrittenen Schülern. Natürlich kannst du auch den Tisch so wie beim Gläserrücken befragen und dann die Antworten auf ein Blatt Papier notieren. Der Ablauf ist derselbe wie bei der Planchette oder beim Quija-Brett, außer dass die Teilnehmer leicht ihre Fingerspitzen auf den Tisch legen und nicht nur zwei Finger auf ein Glas oder auf die Planchette. Durch Klopfen kann man sich auch Fragen beantworten lassen. Ich habe das noch nie so gemacht oder ausprobiert, da ich es sehr umständlich finde.

Auf das Pendel werde ich hier nicht eingehen, weil es dazu sehr viel Literatur gibt, auch habe ich sehr wenig Erfahrung damit. Aber es ist ebenso eine Möglichkeit, um mit dem Geistführer zu kommunizieren. Allerdings muss man genau überprüfen, ob man nicht sein Unterbewusstsein einschaltet oder sensitiv etwas erpendelt.

Automatisches Schreiben

Eine weitere Möglichkeit ist das automatische Schreiben. Diese Form bleibt einigen wenigen vorbehalten. Automatisches Schreiben darf nicht verwechselt werden mit inspiriertem Schreiben. Ich kann nicht automatisch schreiben, das wäre ein Talent, das sicher erlernbar ist, aber viel Zeit in Anspruch nimmt. Beim automatischen Schreiben probiert das Medium, seinen Arm freizugeben und die Kontrolle darüber der Geistigen Welt zu übergeben. Man versucht, die Kontrolle so weit es geht abzugeben, so dass die Geistführer den Arm benutzen, ihn bewegen und dadurch direkt über den Arm schreiben können. Das hört sich sehr unglaublich an, ich habe es jedoch schon ab und zu in England gesehen. Es können dadurch unglaubliche Schreibgeschwindigkeiten vorkommen. Beim automatischen Schreiben ist wichtig, dass man sich nichts vormacht, dass man sich wirklich Zeit nimmt, dieses Talent sicher und gut zu entwickeln.

Trotzdem möchte ich eine Anleitung zum Üben geben. Es ist auch hier wieder wichtig, entspannt an die ganze Sache heranzugehen. Setz dich in einer ruhigen geraden Haltung an einen Tisch, auf dem ein Blatt Papier liegt. Am besten eignet sich ein Bleistift. Die Hand mit dem Stift sollte locker auf dem Papier ruhen. Bei vielen ist es von Vorteil, wenn man nicht die normale Schreibhand nimmt. Das heißt also, wenn du Rechtshänder bist, nimm deine Linke und umgekehrt. Das ist jedoch nur eine Empfehlung, du solltest selbst herausfinden, was für dich besser stimmt. Bleib entspannt und warte ab, was geschieht. Lass den Stift auf dem Papier, vielleicht hilft es dir, die Augen zu schließen und in einen meditativen Zustand zu gehen. Ich würde dir empfehlen, wenn du Erfahrung mit Trance hast, geh in einen Trancezustand. Wichtig ist, Geduld zu haben und abzuwarten. Mit der Zeit wirst du feststellen, dass sich deine Hand ohne dein Zutun zu bewegen beginnt. Am besten ist es, wenn du dem keine Beachtung schenkst, also gar nicht hinschaust. Das ist anfangs das Schwierigste, sobald du merkst, dass sich etwas tut, sich nicht darum zu kümmern und sofort wieder loszulassen ist nicht leicht. Automatisches Schreiben ist unbewusstes Schreiben, je besser es dir gelingt, deinen Kopf auszuschalten, umso bessere Ergebnisse wirst du erzielen. Ich denke, am Anfang wird es dir wie vielen anderen ergehen, dass du hauptsächlich Kreise und eliptische Formen aufs Papier bringen wirst. Es kommt auch immer wieder vor, dass anfangs die Schrift spiegelverkehrt oder rückwärts geschrieben wird, doch das spielt keine Rolle, wichtig ist, dass etwas auf deinem Blatt entsteht. Das automatische Schreiben sollte man regelmäßig üben. Auch wenn du schon viele Erfolge gehabt hast, wird es ab und zu vorkommen, dass es an einem Tag nicht geht. Lass es dann einfach gut sein. Es ist okay, wenn es nicht immer gelingt. Je mehr du übst, umso mehr wirst du merken, warum automatisches Schreiben automatisches Schreiben heißt. Es gibt sogar Menschen, die können, während sie automatisch schreiben, einer anderen Tätigkeit wie Lesen, Fernsehen oder Radio hören nachgehen. Bei automatischem Schreiben kann es sein, dass du Romane, Gedichte oder Antworten auf Fragen aufschreibst. Oder dass die Geistige Welt dir Weisheiten und spirituelle Erkenntnisse vermittelt. Es kann auch sein, dass nicht nur Worte

kommen, sondern Zeichnungen, ja sogar ganze Ge-
mälde können entstehen. Aber setz dich nicht unter
Druck, es braucht seine Zeit.

Inspiriertes Schreiben
Viele verwechseln inspiriertes Schreiben mit automatischem Schreiben, es gibt jedoch meiner Meinung
nach einen sehr großen Unterschied. Beim inspirierten Schreiben versucht man, so gut wie möglich die
eigenen Gedanken aufzuschreiben, und man bewegt
selbst die Hand über das Papier. Man schreibt einfach
alles auf, was einem in den Sinn kommt, meistens ist
es am Anfang noch stark von der eigenen Gedanken-
welt geprägt, doch plötzlich schreibt es einfach. Es ist
zwar immer noch »ich«, der den Stift über das Papier
führt, aber die Gedanken, die in meinen Kopf entstehen, kommen aus der Geistigen Welt. Man wird eben
inspiriert. Das ist eine Übung, die jeder machen kann.
Ich setze sie meist in meinen Geistführer-Seminaren
ein, da ich sie sehr wertvoll finde. Wenn man einfach
aufschreibt, ohne zu denken, dann kann man innerhalb von ein paar Minuten, manchmal nur ein bis
zwei Minuten, mehrere Seiten schreiben. Wenn man
einfach schreibt, ohne zu denken oder ohne zu versuchen wahrzunehmen, über was man schreibt, wird
man sehr überrascht sein, wenn man die Seiten später durchliest. Meist stehen sehr wertvolle, ja sogar
sehr weise Texte da. Wichtig ist, dass ich mich beim
Schreiben in einem meditativen Zustand befinde. Ich
mache meistens vorher eine kurze Meditation und
komme dann soweit zurück, dass ich die Augen öff-
nen und schreiben kann. Ich schreibe dann einfach
drauflos und schaue erst ganz am Schluss, was dabei

herausgekommen ist. Hier eine Übung zum inspirierten Schreiben, die ich sehr gern in den Seminaren mache.

»Und mein Geistführer sagt...«
Schließ deine Augen und konzentriere dich auf deinen Atem, mit jedem Atemzug entspannst du dich mehr und mehr. Lass alle Gedanken los. Bitte nun deinen Geistführer, er möge näher treten, fühle seine Anwesenheit und fühle, wie er dir ganz nah kommt. Lass alle Erwartungen und Vorstellungen los. Nimm wahr, wie dein Geistführer dir sehr nah kommt und dir seine Hände auf die Schultern legt, und du entspannst dich immer mehr und mehr. Nimm wahr, wie dich dein Geistführer umarmt und dir sehr nah kommt, nimm wahr, wie ihr eins werdet. Lass dir Zeit. Fühl seine liebevolle Umarmung, fühl, wie du dich komplett entspannen kannst, wie sehr du die Umarmung fühlst. Fühl seine Liebe, wie seine Liebe immer größer wird, du nimmst wahr, wie er langsam beginnt, dir zu erzählen... Nimm jetzt dein Blatt und schreib: Mein Geistführer sagt... Und schreib jetzt einfach weiter. Schreib, was dein Geistführer dir oder über dich sagen möchte. Schreib seine liebevollen Gedanken einfach auf, ohne nachzudenken, ohne zu bewerten. Lass es einfach fließen. Du wirst an einen Punkt kommen, da fühlst du, dass der Text zu Ende ist, komm dann langsam zurück ins Hier und Jetzt. Lies jetzt die liebevollen Worte deines Geistführers.

Ich empfehle dir, diese Übung immer mal wieder zu machen, ich habe sie eine Zeitlang täglich gemacht. Auch beim Schreiben meiner Bücher lasse ich mich immer wieder von der Geistigen Welt inspirieren. Meistens schreibe ich es einfach von vorne bis hinten, und erst wenn ich fertig bin, lese ich darin und mache Ergänzungen, falls nötig. Immer wieder bin ich erstaunt und frage mich, ob ich das wirklich geschrieben habe. Diese Übung ist sehr, sehr schön, und ich kann sie jedem nur empfehlen.

Kann ich selbst
ein Geistführer werden?
Und wenn ja, wann?

Auch diese Frage wurde mir in den letzten Jahren immer wieder gestellt. Ich muss zugeben, dass ich sie anfangs sehr befremdlich fand, da ich ein Mensch bin, der sich immer oder meistens mit dem Hier und Jetzt beschäftigt. Aber ich finde diese Frage inzwischen schon spannend, und natürlich werden wir alle früher oder später einmal selbst eine Aufgabe als Geistführer bekommen. Doch wann, kann ich nicht sagen. Wie ich schon geschrieben habe, ist ein Geistführer eine Wesenheit aus der Geistigen Welt, die bereits auf der Erde gelebt hat, somit waren sie alle mal einfach »nur Menschen«. Ein Lehrer hat mir einmal gesagt, dass wir etwas sehr Wichtiges vergessen, nämlich dass wir alle auch nichts anderes sind als geistige Wesen. Wir haben nur das Privileg, einen Körper zu haben, egal ob dich dein Körper gerade glücklich macht oder nicht, es ist ein Privileg. Ich sehe den Körper als großes Privileg an, da wir viele Erfahrungen nur mit unserem Körper machen können. Wir können Empfindungen wie zum Beispiel Essen, Schlafen, Streicheln, Berührung, Umarmung, Sex und Lust nur durch unseren Körper erfahren. Natürlich auch Schmerz, Hunger, Durst, Altwerden und Müdigkeit, aber auch das sind wichtige Erfahrungen, die uns weiterhelfen können. Mein Lehrer hat immer gesagt, wir vergessen, dass unser eigenes Geistwesen auch sehr weise und sehr weiterentwickelt ist. Wir suchen immer alles bei den Geistführern und Engeln, dabei haben wir das ganze Wissen auch in uns, und da kann ich ihm nur Recht geben. Mit unserem eigenen Geistwesen jedoch in Kontakt zu kommen, ohne dass unsere Muster und Blockaden dieser Inkarnation im Wege stehen, ist nicht gerade eine leichte Aufgabe. Allerdings sollten wir auch unser eigenes »höheres Selbst«, unser wahres Geistwesen anerkennen und schätzen. Ich werde auf unser eigenes Geistwesen noch im Kapitel über Channeling zu sprechen kommen. Um auf die Frage zurückzukommen, ja, ich bin überzeugt, dass wir alle einmal die ehrenvolle Aufgabe zugesprochen bekommen, als Geistführer einem Menschen beizustehen und ihn zu unterstützen. Wann das der Fall sein wird, kann ich leider nicht sagen. Doch Zeit ist ja relativ und eine der größten Illusionen der Menschheit. Lebe lieber im Augenblick, schau lieber, wo du jetzt im Moment jemandem ein »Engel/Geistführer« sein kannst. Vielleicht braucht gerade im Moment jemand deine Hilfe, geh und hilf ihm jetzt!

Meine Erlebnisse mit der Geistigen Welt

Ich hatte so viele spannende Erlebnisse mit der Geistigen Welt, dass es mir schwerfällt auszuwählen. Für mich ist es einfach mein Alltag, mit der Geistigen Welt in Kontakt zu stehen, aber ich kann sie auch ausblenden oder bewusst einschalten und wieder ausschalten. Nur kommt es ab und an vor, dass sich die Geistige Welt meldet, obwohl ich »ausgeschaltet«, also nicht bewusst mit der Geistigen Welt verbunden bin. Ich schreibe hier bewusst Geistige Welt und nicht Geistführer, da ich auch einige Erlebnisse mit Verstorbenen beschreiben möchte.

Eines ist noch nicht so alt und mir sehr stark im Bewusstsein geblieben. Ich war Anfang dieses Jahres auf Buchtour, gerade fertig mit meiner Buchvorstellung und allein unterwegs, da meine Verlegerin krank war. Nun musste ich noch zwei Stunden mit dem Auto fahren, war aber schon ziemlich müde und wollte schnell heim, da ich am nächsten Tag bereits am Morgen wieder in der Praxis sein musste. Es regnete, und ich fuhr ein bisschen schneller als normal. Ich fuhr auf der Autobahn, und der Regen wurde immer stärker. Ich dachte an eine Klientin von mir, die ihren Sohn durch Suizid verloren hatte. Sie kam mir auf einmal sehr stark ins Bewusstsein. Sie war schon zweimal in einer Sitzung bei mir und oft in meinen Seminaren gewesen. Wenn man Klienten öfter sieht, wachsen sie einem natürlich mehr ans Herz, als wenn man jemand nur einmal sieht. Ich fragte mich gerade, wie es ihr wohl geht, da ich schon länger nichts mehr gehört hatte. Auf einmal fühlte ich ihren verstorbenen Sohn ganz nah bei mir, ich bekam die Botschaft: »Geh sofort vom Gas runter und brems ab! Sofort!« Ich erschrak dermaßen, dass ich sehr stark abbremste, weil ich für einen kurzen Moment das Gefühl hatte, der Sohn sitzt bei mir im Auto. Ein paar Sekunden später sah ich vor mir eine riesige Wasserfläche, die Autobahn stand an einer Stelle fast unter Wasser. Ich bin überzeugt, hätte ich da nicht vorher abgebremst, hätte ich sicherlich die Kontrolle über mein Fahrzeug verloren. Diesen Gedanken möchte ich jedoch gar nicht weiterspielen, sondern mich einfach hier noch einmal bedanken.

Doch auch mir fällt es nicht immer leicht, die Zeichen der Geistigen Welt sofort zu erkennen oder zu verstehen. Vor allem wenn es um mich selbst geht, fällt es mir immer schwer, weil auch mir meine Wünsche und Sorgen im Weg stehen. Bei dem folgenden Beispiel war das sehr stark zu erkennen, es zog sich über Jahre hin. Ich begann meinen Weg in die Spiritualität nach einem Unfall, als ich ungefähr zehn Jahre alt war, danach plagten mich sehr starke Schmerzen. Damals hat mir nichts geholfen, es war wirklich die Hölle. Ich musste meistens sehr starke Schmerzmittel nehmen und brauchte oft fast fünfundvierzig Minuten, bis ich im Bett lag, weil mir die Bewegungen dermaßen wehtaten. Wir hatten sehr viel ausprobiert, und eines Tages lernte ich eine Heilerin kennen, die mit nur einer Behandlung meine Rückenprobleme heilen konnte. Das ist für mich immer noch ein Wunder, wenn ich daran zurückdenke. Von ihr bekam ich auch die ersten Bücher über das Heilen. Später, als mir mein Talent immer mehr bewusst wurde, waren meine ersten Kurse Heiler-Kurse. Doch es kam die Zeit, da wurde mir das zu langweilig, obendrein konnte ich mit dem, was ich sah, nicht mehr so gut umgehen, da mir langsam bewusster wurde, dass das scheinbar nicht normal ist. Als Kind machte es mir selten bis nie Angst, wenn ich Verstorbene oder Geistführer sah, ich kann mich nur an ein einziges Mal erinnern, und das auch nur, weil ich gerade aus dem Schlaf gerissen wurde, und als ich als dreijähriger Junge zu meiner Mutter gehen wollte, in der Ecke einen Mann sitzen sah. Sonst hatte ich nie Angst, doch in meiner Jugend, als mir mein Talent immer mehr bewusst wurde, hatte ich Angst, ob ich überhaupt ganz normal bin, da es scheinbar abnormal ist, wenn man Tote und Geistwesen sieht. Deswegen begann ich dann auch schon sehr früh mit meiner medialen Ausbildung. Dort wurde mir immer wieder gesagt, dass das Heilen ein noch größeres Talent von mir sei, doch mir war es einfach zu langweilig. Ich hörte es über acht Jahre lang von den verschiedensten Lehrern und Freunden. Sogar als mein erstes Buch Anfang 2007 herauskam, hatte mir meine Verlegerin immer wieder mal gesagt, das Heilen wird noch ein großes Thema bei dir. Ich sagte ihr damals nur: »Ja, ja, ich weiß! Das sagen mir alle.«

Mitte 2007 wurde ich krank, ich hatte ständig einen Druck im Kopf, und mir war oft schwindelig. Zuerst dachten wir, es müsste vom Stress kommen, da ich ständig unterwegs war, auf Messen, Buchtournee, Sitzungen geben musste, Vorträge halten und so weiter. Doch auch im Urlaub wurde es nicht besser. Natürlich denkt sich jetzt jeder Leser, warum hat er nicht einfach seine Geistführer gefragt! Das habe ich natürlich auch getan. Leider konnte ich jedoch nichts empfangen, was mir half, es ging wohl zu stark um mich, als dass ich eine klare Information hätte erhalten können. Ein Jahr lang habe ich mich dann einfach durchgekämpft, ich habe mein Programm gemacht und nebenher alle Therapien ausprobiert, aber alles half nichts. Die meisten Ärzte waren froh, wenn ich wieder aus dem Sprechzimmer ging, da sie noch ratloser waren als ich. Durch meine Krankheit begann ich mich wieder mehr mit Heilen und Heilmethoden zu beschäftigen und habe mich dieses Jahr sogar in England zum Trance-Heiler ausbilden lassen. Schon am ersten Tag meiner Ausbildung ging es mir besser, und mit jedem Tag, an dem ich mich mit Heilen und Heilwerden beschäftigt habe, besserte sich auch meine eigene Gesundheit. Inzwischen gebe ich selbst Seminare und Heilbehandlungen. Ich habe vor bald zehn Jahren die ersten Hinweise von der Geistigen Welt bekommen, dass Heilen eine Arbeit ist, die wahrscheinlich für mich bestimmt ist. Das merke ich auch immer mehr an meinen Jenseitskontakten. Mir geht es dabei hauptsächlich darum, dass der Klient Heilung findet, dass er getröstet wird und abschließen darf mit dem Tod eines geliebten Menschen, dass seine Seele dadurch Ruhe und Heilung findet. Ich weiß nicht, hätte ich gleich mit Heilung geben angefangen, wäre ich vielleicht nie krank geworden. Doch das kann man heute nicht mehr zurückverfolgen. Für mich ist es nur spannend, dass ich durch meine Krankheit viele verschiedene Methoden kennengelernt habe und dadurch auch herausfand, was hilft und was nicht. Aber auch ich konnte am Anfang die Zeichen nicht erkennen.

Heilen kann auch schwierig sein, denn manchmal dauert es sehr lange, bis man bei einem Klienten einen

Fortschritt sieht. Wenn man Jenseitskontakte gibt, weiß man sofort, ob die Informationen für den Klienten Sinn machen oder nicht. Beim Heilen kommt es immer wieder vor, dass man kurz nach einer Behandlung nichts spürt oder dass man viele Behandlungen machen muss, bis man überhaupt zu einem Resultat kommt. Obschon man ja als Heiler so oder so nie derjenige ist, der heilt, ist es für mich dennoch wichtig, dass ich mir sicher sein kann, ob meine Behandlungen helfen oder nicht. Dieses Selbstbewusstsein hatte ich lange Zeit nicht. Für mich war es am Anfang meiner Heilbehandlungen nicht leicht, wenn mir der Klient anschließend sagte, dass er nichts spürt. Da kann ich mir dann lange sagen: »Es heilt die Geistige Welt und nicht du. Du kannst nichts dafür, es liegt in Gottes Händen, wer geheilt wird und wer nicht.« Das befriedigte mich aber auch nicht. Immer wieder hörte ich mich sagen: »Wenn ich jemanden heilen könnte, der behindert ist, dann würde ich hundertprozentig daran glauben, dass durch mich heilende Energie fließt, auch wenn ich weiß, dass dennoch nicht alle Klienten geheilt werden. Doch es wäre immerhin ein schöner Beweis.« Obwohl ich bereits einige sehr schöne Resultate bei meinen Heilbehandlungen erzielt hatte, war ich also immer noch nicht zufrieden. Ich denke, bis zu einem gewissen Grad ist es auch gut, wenn man nicht zu schnell mit sich zufrieden ist, dass man immer mehr und besser sein will. Das schützt vor Hochmut, und natürlich ist es ebenso wichtig, auch zu sehen, wenn man gute Resultate erzielt.

Ich bekam das Geschenk der Geistigen Welt, dass ich schon lange wollte, und bin dafür unheimlich dankbar. Ich war mit Bahar im Urlaub bei ihren Eltern.

Eines Abends saß ich da und redete mit Bahars älterer Schwester. Auf einmal sagte mein Geistführer: »Mit ihrer Schulter stimmt etwas nicht! Sie kann das Schultergelenk nicht richtig bewegen. Frage sie danach!« Ich konnte nichts erkennen und fragte sie, sie schaute mich an und sagte: »Woher weißt du das? Ja, das stimmt, ich kann meine Schulter nur sehr eingeschränkt bewegen. Hast du das gesehen?« Ich sagte: »Gesehen nicht direkt, mir wurde es gesagt!« Mein Geistführer meinte: »Es kommt von der Wirbelsäule, du wirst ihr die Wirbel richten, und dann ist es gut.« Ich erzählte es ihr und sie meinte: »Das wäre schön, aber ist wohl unmöglich, ich habe diese Behinderung, seit ich ein Baby bin. Sie mussten mich bei der Geburt mit einer Zange herausholen, und dabei haben sie mir die Nerven und meine Schulter beschädigt. Das lässt sich nicht reparieren. Schau, ich kann meinen Arm nur so weit bewegen, siehst du?« Mein Selbstbewusstsein war gerade so richtig am Sinken, und doch vertraute ich meinem Geistführer. Als ich sah, wie stark der Bewegungsradius ihres Armes eingeschränkt war, wurde ich unsicher, ob man mit Geistheilen helfen könnte. Obschon ich bereits bei vielen Heilungen von unheilbaren Krankheiten dabei war, nur war ich dann nicht der Heiler, sondern habe zugeschaut. Da ich auch noch nicht lange Heilung anbot, war ich in diesem Fall sehr unsicher. Da kam Bahar dazu, und ich sagte es ihr. Sie schaute mich nur an und meinte: »Ja klar, mach das! Wenn die Geistige Welt denkt, sie kann das heilen, dann wird es wohl so sein. Es sind ja unsere Geistführer, die heilen, und nicht wir.« Sie war ganz ruhig, und das gab mir mein Vertrauen wieder, das ich brauchte. Bahar hat dieselbe Heiler-Ausbildung wie ich und weiß daher genau, wie schwer es manchmal sein kann. Ich bat die Schwester ruhig zu sitzen und ging in eine leichte Trance, dann fuhr ich mit meinen Händen über die Wirbelsäule. Sie klagte über Schmerzen, doch das lag wohl eher daran, dass sie ziemlich wehleidig war, und nicht so sehr an meiner Heilung. Das Ganze dauerte nicht länger als fünf Minuten, dann sagte ich: »Kannst du deinen Arm bewegen, geht es jetzt besser?« Sie bewegte den Arm – und wie sie ihn bewegte, sie bewegte ihn so normal, als wäre nie etwas gewesen. Sie bewegte ihn, als wäre er immer normal gewesen und nie behindert. Es war so normal, dass ich es im Moment gar nicht kapierte, dass sie geheilt war. Ich war enttäuscht: »Schade, aber es hätte ja funktionieren können!« Bahar und ihre Schwester schauten mich komisch an und wussten nicht, ob ich gerade einen Witz machte. Als Bahars Schwester merkte, dass ich nicht scherzte, meinte sie: »Ich bin doch geheilt, mein Arm ist ganz normal, ich kann ihn bewegen wie einen richtigen Arm! Wie meinen anderen Arm! Es ist unglaublich.« Für den Rest der Woche hatten wir eine sehr glückliche Schwester an unserer Seite, die bei jeder Gelegenheit ihren Arm in alle Richtungen bog und drehte! Mir bedeutete dieses Erlebnis sehr viel, es ist für mich ein enormes Geschenk, und es gab mir die Kraft und das nötige Vertrauen, mich als Kanal für die Geistige Welt offiziell zur Verfügung zu stellen. Diese Behandlung war für mich die schönste und wichtigste Erfahrung. Weil sie mir zeigte, dass es für die Geistige Welt kein »Unmöglich« gibt, nur *wir* schränken die Möglichkeiten ein.

Trance und Trance-Heilung

Ich möchte hier noch über die Trance-Medialität sprechen. Trance-Medialität findet im Gegensatz zur mentalen Medialität in einem veränderten Bewusstseinszustand statt. Bei der Trance geht das Medium in einen veränderten Bewusstseinszustand, ähnlich wie bei einer Hypnose, und lässt sich dabei von der Geistigen Welt »überschatten«, das heißt, die Geistige Welt kann den Körper des Mediums benutzen, um zu sprechen oder zu heilen. Da das Medium nicht bei wachem Bewusstsein ist, werden die Botschaften nicht verfälscht. Ich beschreibe den Kontakt zwischen Medium und der Geistigen Welt extra als »überschatten« und nicht, wie so oft, dass die Geistige Welt in den Körper des Mediums eindringt. Es ist nämlich eher ein Überschatten, da die Aussage, das Geistwesen gehe in den Körper ein, stark an »böse« Besetzungen erinnert, die es meiner Meinung nach nicht gibt. Das wird sehr schnell klar, wenn man betrachtet, wie lange ein Medium braucht, um die Verbindung zwischen Geistiger Welt und ihm so intensiv zu gestalten, dass ein Geist den Körper des Mediums bewegen oder durch das Medium sprechen kann. Das braucht Jahre, Jahre regelmäßigen Übens. Ein seriöses Trance-Medium hat nichts mit einem Channeling-Medium zu tun. Das wird oft verwechselt, da dort auch ein Geistwesen durch das Medium spricht. Die Arbeit in der Trance ist ein jahrelanger Prozess des Zusammenarbeitens. Das Medium ist nicht bei vollem Bewusstsein. Vielfach bekommt das Medium gar nicht mit, was durch es gesprochen wird. Beim Channeling ist das Medium bei vollem Bewusstsein. Trance ist für mein Empfinden um einiges reiner, da das Bewusstsein des Mediums nicht mehr im Weg steht. Natürlich nur, wenn es seriös ausgebildet wurde. Ich habe jedoch schon einige Male gesehen, dass es Menschen gibt, die denken, sie könnten schon beim ersten Mal in Trance den Geistführer durch sich sprechen lassen. Das ist nicht möglich, es braucht Jahre, um das Medium so weit vorzubereiten, dass Wesen aus der Geistigen Welt das Medium überschatten können.

Es gibt verschiedene Möglichkeiten, wozu man die Trance nutzen kann: zum Sprechen, dass man das Sprachrohr der Geistigen Welt wird; für Manifesta tionen von Geistwesen, Aporten oder anderen Geschenken aus der Geistigen Welt; für physikalische Trance-Medialität, bei dem zum Beispiel Phänomene wie direkte Stimmen auftauchen, das heißt, dass man Stimmen aus der »Luft« hört, die von Verstorbenen oder von Geistführern kommen; oder eben zum Heilen. Für mich persönlich ist die Heilung durch die Geistführer eine der schönsten Arbeiten. Vor allem in den letzten zwei Jahren habe ich dieses wertvolle Geschenk aus der Geistigen Welt immer mehr kennen und vor allem schätzen gelernt. Für mich ist dies die wichtigere Arbeit, als dass ich Informationen aus der Geistigen Welt weitergebe. Ich werde in diesem Kapitel einige Dinge beschreiben, die bereits in meinem Buch *Nachricht aus dem Jenseits* stehen, aber ich werde sie hier ganz bewusst noch einmal und ausführlicher beschreiben, da die Trance und die Trance-Heilung einfach zu den Geistführern gehört und weil es meine liebste Arbeit geworden ist. Gerade die Trance praktiziere ich im Moment nur für mich selbst, nur die Trance-Heilung biete ich inzwischen auch als Heilbehandlung an. Ich habe es selbst immer wieder erlebt, wie wichtig die Gesundheit ist. Sind wir körperlich nicht fit oder leiden wir unter ständigen Schmerzen, dann ist das ganze Leben schwierig.

Ich werde in diesem Kapitel nur auf die Trance-Heilung eingehen, es gibt natürlich viele verschiedene Methoden und Möglichkeiten, die wirklich gut sind. Doch in diesem Buch geht es um Geistführer, und beim Trance-Heilen sind die Geistführer am meisten involviert. Auch wenn ich mich schon immer für das Heilen interessiert habe, war es mir als Kind und Jugendlicher irgendwann zu langweilig, da man beim Trance-Heilen stillsitzen können muss. Daher war ich in der Medialität damals viel besser aufgehoben. Im Jahr 2007 wurde ich das erste Mal selbst durch Trance-Heilen geheilt, von Steven Upton, der später mein und Bahars Lehrer werden sollte. Ich habe die Geschichte bereits in meinen Büchern beschrieben, doch möchte ich hier noch kurz darauf eingehen. Als ich in England am Arthur Findlay College war, führte Steven Upton an einem Abend eine Heiltrance-Demonstration vor. Er nahm dafür eine Frau aus dem Publikum, die eine Brille trug, setzte sie vor sich auf den Stuhl und bat sie, sie möge die Brille absetzen. Steven ging im Stehen in Trance und legte seine beiden Zeigefinger links und rechts an die Schläfen der Frau. Es vergingen vielleicht maximal vier Minuten, dann tauchte Steven wieder aus der Trance auf. Für mich war es damals unglaublich, dass er sich innerhalb von ein paar Sekunden in Trance versetzte und genau so schnell wieder auftauchte. Um in Trance zu gehen, benötige ich ungefähr zwölf Minuten. Ich bin allerdings auch davon überzeugt, dass dieses schnelle Verändern des Bewusstseins nicht gesund ist. Er bat die Frau, sie solle die Brille wieder aufsetzen, und die Frau meinte: »Oh, jetzt sehe ich nicht mehr scharf! Dafür sehe ich ohne Brille um einiges besser, zwar noch nicht gut, aber um einiges besser.« Für mich war das unglaublich. Sicher sah die Frau noch nicht richtig gut, aber viel besser. Mich plagten zu dieser Zeit schon monatelang Rückenschmerzen. Ich war sehr erstaunt, als mich Steven aus dem Publikum holte und meinte: »Du glaubst mir nicht wirklich, dass ich das kann, oder? Aber du hast Rückenschmerzen, und die Geistige Welt will versuchen, dir zu helfen.« Ich gab zu, dass ich sehr kritisch war. Ich hatte Steven in dieser Woche das erste Mal gesehen, ich wusste, dass er einen ausgezeichneten Ruf als Heiler und Medium hatte, aber dennoch war ich kritisch und musste mich selbst davon überzeugen. Also saß ich vor Steven auf dem Stuhl. Er versetzte sich in Trance, und ich fühlte seine Hände an meinem Rücken. Ich hatte das Gefühl, als ob seine Hände in mir wären, und das Ganze dauerte vielleicht 30 Sekunden. Er bat mich dann aufzustehen. Ich spürte keine Schmerzen mehr und war beeindruckt. Ich hatte den ganzen Abend keine Schmerzen. Am Morgen danach, als ich wach wurde, war meine Euphorie vorbei, ich hatte Schmerzen wie schon lange nicht mehr, es erinnerte mich an den Schmerz, den ich als Kind nach dem Unfall hatte. Mich plagten große Ängste, dass nach über zehn Jahren die Schmerzen zurückgekommen seien. Ich quälte mich aus dem Bett in die Morgen-Meditation. Ich gebe zu, ich habe Steven an diesem Tag verflucht. Ich konnte kaum laufen, geschweige denn mich auf irgendetwas konzentrieren. Dieser Tag war für mich die Hölle, und ich hätte nur heulen können. Ich war froh, als der Unterricht zu Ende war, ich wollte nur noch schlafen. Ich schlief trotz der Schmerzen sehr schnell ein, und am Morgen waren die Schmerzen weg und sind seitdem nie wiedergekommen. Steven Upton war schon am nächsten Morgen wieder mein »bester Freund«, und ich entschuldigte mich gedanklich bei ihm für all die Flüche, die ich einen Tag zuvor noch innerlich ausgesprochen hatte. Für mich war das sehr eindrücklich, weil ich Heilung mit Trance am eigenen Leib erfahren durfte. Das ist immer etwas anderes, als wenn man nur die Geschichten von Betroffenen hört. Das ist jetzt über zwei Jahre her, und meine Rückenschmerzen kamen nicht zurück.

Ich war danach so begeistert vom Trance-Heilen und auch der Arbeit von Steven, dass ich mich bei ihm zum Trance-Heiler ausbilden ließ. Ich habe dabei einige sehr eindrückliche Heilungen miterleben können. Bahar, meine Freundin, hat die Ausbildung zum Trance-Heilen auch bei ihm gemacht. Sie hatte in jungen Jahren schon dreimal einen Hörsturz und danach ständige Ohrgeräusche, sie erklärte es mir, es fühle sich an, wie Flugzeuge im Ohr. Während der Ausbildung bekam sie eine Heilung von Steven, und ich durfte bei der Behandlung dabei sein. Es war unglaublich für mich, das Ganze hellsichtig zu beobachten. Zuerst konnte ich nicht viel sehen, außer dass die Geistführer von Steven ihn in einen sehr tiefen Zustand brachten. Plötzlich hatte ich das Gefühl, dass Steven starke Schmerzen spürt, und auf einmal kam ein Weinen aus Bahar heraus, das sich eher wie ein Schrei anfühlte. Es war ehrlich gesagt sehr gruselig. Doch so überraschend wie das Weinen kam, so schnell war es auch vorbei. Nach der Behandlung hatte sie keine permanenten Geräusche mehr im Ohr und heute nur noch vereinzelt einige Stunden am Tag.

Auch wenn ich inzwischen wirklich weiß, wozu die Geistige Welt fähig ist, bin ich doch immer wieder überrascht und zutiefst berührt. Das Spannendste ist für mich, dass du als Medium/Heiler in der Trance nichts tun musst; je mehr du dein Bewusstsein zurücknimmst, umso bessere Resultate kannst du erzielen. Bei dieser Arbeit musst du dich als Medium ganz zurücknehmen und volles Vertrauen in deine Geistführer haben. Ich glaube, ich komme meinen Geistführern in keiner anderen Situation so nah wie bei der Trance-Arbeit, ich lerne sie mit jedem Tag mehr und mehr schätzen. Es ist für mich spannend, mit was für einer Intelligenz wir es dabei zu tun haben, dass man nicht voraussehen kann, wer geheilt wird und wer nicht. Auch bei der Trance-Heilung ist es leider nicht möglich, allen zu helfen oder Heilung zu geben. Manchmal, bei scheinbar sehr leichten Fällen, jedenfalls aus meiner Sicht, ist Heilung nicht möglich, und dann gibt es auch Fälle, da scheint eine Heilung unmöglich. Mir fällt auf, dass ein Mensch auch bereit sein muss für Heilung. Ebenso wichtig ist, dass eine Heilung nur geschehen kann, wenn wir nicht gegen die Natur verstoßen. Was ist damit gemeint, dass die Geistige Welt nie gegen die Natur heilen kann? Ich habe selbst schon gesehen, wie die Geistige Welt unheilbare Krankheiten heilt. Aber ich hatte mal eine Klientin, die wegen Atemproblemen kam. Während der Heilbehandlung fühlte ich, dass meine Geistführer ihre Lungen reinigten, und dadurch musste sie ziemlich stark husten. Nach der Behandlung fragte ich, ob sie Probleme mit der Lunge habe, vor einer Behandlung möchte ich nicht wissen, warum die Klienten kommen, damit mir mein Kopf nicht im Weg steht. Sie bestätigte die Probleme mit der Lunge, und ich fragte: »Ich denke, Sie rauchen, oder?« Auch das war richtig, ich gab ihr zu verstehen, dass es wichtig sei, dass sie mit Rauchen aufhöre, nur so könne die Lunge ganz heil werden. Sie meinte dann nur: »Im Moment kann ich wieder besser atmen, und das reicht mir, ich rauche viel zu gern.« Da kann man dann nicht wirklich helfen. Meiner Überzeugung nach kann die Geistige Welt ihr nicht ständig einfach Erleichterung bringen, wenn sie merkt, dass jemand nicht bereit für Heilung ist und auch sein Leben dementsprechend nicht ändert.

Einmal hatte ich eine Klientin, die eine Geschwulst an der Schilddrüse hatte, und da sie schwanger war, konnte man, laut Schulmedizin, nicht alle Untersuchungen machen, um herauszufinden, ob die Geschwulst gutartig oder Krebs ist. Sie kam zu einer Heilung zu mir, und am nächsten Tag war die Geschwulst weg, doch am dritten Tag war sie wieder da. Als sie mir das erzählte, war ich einen Moment traurig, aber da sagte sie: »Meine ganze Einstellung hat sich geändert, ich habe keine Angst mehr und dafür bin ich unglaublich dankbar.« Ich weiß den Stand bei ihr im Moment nicht, doch manchmal hat Heilung viele Gesichter und ist nicht immer so, wie wir es gerne hätten.

An einem kostenlosen Heiltag, da kommen immer sehr viele Menschen und auch ein paar, die nicht wirklich krank sind, da habe ich etwas ganz anderes erlebt: Mein Geistführer sagte plötzlich: »Dieser Klient hat nichts, schick ihn fort, es warten noch so viele, die unsere Hilfe wirklich brauchen.«

Faszinierend finde ich auch, dass die Heilung manchmal an Orte fließt, wo für den Klienten alles in Ordnung scheint. Ich erlebe es immer wieder, dass Menschen mit Migräne oder Kopfschmerzen kommen und die Heilung in den Bauch oder in die Wirbelsäule fließt, da die Ursache der Schmerzen dort zu finden ist. Deswegen ist für mich die Trance-Heilung so faszinierend, ich mache meine Heilungen meist so, dass ich meine Hand auf den Rücken des Klienten lege und dann in Trance gehe. Meist bleibt die Hand bis zum Ende der Behandlung an derselben Stelle, nur selten bewegt die Geistige Welt meine Hand woanders hin, und doch fließt die Heilung in den ganzen Körper. Vor kurzem hatte ich eine Heilbehandlung bei einer Frau mit Brustkrebs, am nächsten Tag rief sie im Büro an und meinte: »Seit der Heilung bei Pascal habe ich meine Periode wieder bekommen, obwohl ich in der Menopause bin.« Als mir das erzählt wurde, fiel mir ein Satz von Steven ein: »Manchmal wird Krebs über Blut ausgeschieden. Es kann sein, dass die Menschen zu bluten beginnen, und zwar richtig schwarz, und dass dann der Krebs weg ist.« Wir teilten ihr das mit, aber ich sagte ihr auch, sie soll es weiter beobachten und lieber einmal zu viel zum Arzt gehen als einmal zu wenig. Ich finde, Schulmedizin und Geistheilung ergänzen sich perfekt, es braucht beides. Ich würde es allerdings schön finden, wenn eine engere Zusammenarbeit möglich wäre. Jedenfalls kam dieselbe Klientin noch einmal zu einer Heilung, diesmal bei Bahar, weil ich keine freien Termine hatte, und auch nach dieser Behandlung kamen wieder Blutungen. Somit bestand zwischen Heilung und Blutung ein eindeutiger Zusammenhang.

Etwas, was ich sehr gerne mache, ist »Proxy-Heilung«. Als ich das erste Mal gesehen habe, was »Proxy-Heilung« ist, musste ich ganz schön schmunzeln und habe es als etwas sehr Esoterisches verworfen. Der Heiler nimmt ein Stofftaschentuch oder etwas aus Stoff, geht kurz in Trance, leitet die Energie der Geistigen Welt in das Stofftaschentuch und gibt es dann dem Klient, der das Tuch auf die Stelle legt, die schmerzt. Mein Lehrer hat uns nur sehr kurz gezeigt, wie das geht, und ich war wie immer sehr kritisch. Da mir meine Kopfschmerzen und der Druck im Kopf immer noch zu schaffen machten, bat ich Bahar, mir so ein Proxy zu machen, und ich staunte nicht schlecht, als es mir wirklich half. Das überzeugte mich dann schon sehr, doch wirklich überrascht war ich, als ich bei einem Seminar »Heilen und Selbstheilen« eine Kursteilnehmerin mit starken Rückenbeschwerden hatte, sie hatte scheinbar schon seit Jahren einen Bandscheibenvorfall. Ich muss sagen, sie tat mir richtig leid, denn sie konnte nur extrem krumm auf ihrem Stuhl sitzen. Mein Geistführer sagte plötzlich: »Zeig den Kursteilnehmern, wie man ein Proxy macht!« Ich widersprach, da es nicht zum Thema gehörte, Proxys schauen wir in der Trance-Heilerausbildung an und nicht bei diesem Seminar. Er meinte trotzdem: »Mach der Frau mit den Schmerzen ein Proxy, vertraue mir!« Natürlich gab ich nach, meine Freunde in der Geistigen Welt wissen schon, wie sie mit mir umgehen müssen, damit ich weich werde. Ich machte das Proxy, doch da es eine Demonstration war, verwendete ich nur etwa drei Minuten auf das Proxy und gab es der Frau. Am nächsten Kurstag staunte ich nicht schlecht, die Frau saß plötzlich ganz gerade auf dem Stuhl. Als ich nachfragte, meinte sie: »Die Schmerzen sind viel besser, es ist noch nicht weg, aber um einiges besser.« Ich war mit dem Resultat mehr als zufrieden, obschon die Heilung kurz war, hat dennoch Heilung stattgefunden. Ich sah sie einige Wochen später wieder bei einem Kurs, und sie war damals fast schmerzfrei. Ich habe dabei wirklich viel gelernt, vor allem, dass die Länge einer Behandlung keine Rolle spielt und dass ein Proxy etwas enorm Wirkungsvolles sein kann. Inzwischen habe ich immer wieder sehr gute Resultate mit Proxys gemacht. Für mich ist das Heilen die schönste Art der Medialität, und ich komme dabei der Geistigen Welt so unheimlich nah. Es ist ein unbeschreibliches Gefühl, ich bin dankbar, dass ich das erleben darf.

Enthüllung und kritische Betrachtung

Ich empfehle dir, die nächsten Zeilen nur zu lesen, wenn du Zeit hast. Mit Absicht ist dieses Kapitel am Schluss. Denn die nächsten Zeilen können dich entweder »erleuchten«, enttäuschen oder verwirren. Ich habe lange überlegt, ob ich dieses Kapitel überhaupt schreiben soll. Doch einige von meinen Freunden und Bekannten sagten mir immer wieder, ich solle es machen. Ich möchte hier noch einmal deutlich sagen, dass alles, was ich in diesem Buch schreibe, meine persönliche Erfahrung ist, und das heißt nicht, dass sie unbedingt richtig ist oder dass es nur diese eine »Wahrheit« gibt. Ich möchte hier einfach meine Erfahrungen mit dir teilen, vielleicht stimmst du mit mir überein oder vielleicht auch nicht. Das ist auch nicht wichtig, wisse, auch meine Meinung ist nicht wichtig, sondern deine. Nur weil ich hellsichtig bin, heißt das nicht, dass ich alles weiß.

Als Erstes möchte ich auf das sogenannte Channeling eingehen, ganz wichtig ist mir dabei, dass das Channeling, das wir heute kennen und das überall praktiziert wird, gar nichts mit Trance zu tun hat. Bei der Trance nach dem englischen Spiritismus befindet sich das Medium in einem anderen Bewusstseinszustand, wie ich vorhin geschrieben habe. Beim Channeling ist das Medium bei klarem oder eventuell leicht verändertem Bewusstsein. Meine erste Ausbildung war im Channeling, es war eine wichtige Erfahrung, aber ich lernte dort nur, dass es das ist, was ich auf keinen Fall machen wollte. Ich hatte obendrein noch Glück, meine Channeling-Ausbildung dauerte eine ganze Woche, heute kann man es schon an einem Wochenende lernen. Channeling ist meiner Meinung nach zum selben Kommerz verkommen wie Reiki. Natürlich ist auch eine Woche Ausbildung in Mediali- tät einfach nur unseriös und nicht tragbar, doch das wusste ich damals noch nicht. Da ich geistige Wesen schon von klein auf sah, war es für mich doch sehr ei- genartig, als ich die Channeling-Lehrerin beobachtete und keine Geistführer oder Engel sah, die mit der Leh- rerin in Kontakt standen. Doch ich getraute mich nicht, etwas dazu laut zu sagen oder meine Beobach- tung der Lehrerin mitzuteilen, weil ich damals der Überzeugung war, ich sehe zu wenig, alle um mich herum sind hellsichtiger als ich. Ich denke, das wer- den einige Leser kennen. Jedenfalls ist mir dort aufge- fallen, dass zwar vielfach Geistwesen anwesend wa- ren, aber dass das Channel-Medium nicht mit ihnen in Kontakt stand oder nur sehr bruchstückhaft.

Erst viel später, während meiner langjährigen Aus- bildung, verstand ich das Phänomen. Meiner Wahr- nehmung nach stehen diese »Medien« nicht mit Geist- wesen in Kontakt, sondern sind Kanal oder Channel für ihr eigenes Geistwesen, auch bekannt als höheres Selbst. Das ist nicht weiter schlimm, da wir ja sehr viel Wissen und Weisheit in uns besitzen, vor allem wenn wir schon mehrere Inkarnationen hinter uns haben. Der kritische Punkt ist für mich allerdings erreicht, wenn ich einem Klienten sage: »St. Germain oder der Erzengel Michael sagt, du sollst oder ...« Da sehe ich das Problem. Wenn ich als Klient zu einem Medium gehe und mir dieses sagt, die Botschaft komme von einem Erzengel oder einem sonstigen Lichtwesen, dann gehe ich davon aus, dass diese Botschaft richtig ist. Wenn ich aber weiß, dass die Botschaft vom Medium selbst kommt, gehe ich damit ganz anders um. Mir ist klar und bewusst, dass viele, die channeln, gar nicht merken, dass es Botschaften aus ihnen selber sind, nicht von der Geistigen Welt, da leider oft die Ausbildung und das Wissen darüber fehlt. Ich möchte hier niemanden schlechtmachen oder angreifen. Ich weiß, dass es geniale Medien gibt, die Channeling machen. Es gibt auch viele Trance-Medien, die gar nicht in Trance sind und dann denken, ein Geistwesen spricht durch sie, und dabei machen sie nichts anderes, als ihr eigenes Wissen weiterzugeben. Ich finde einfach, als Medium muss man immer wieder kritisch überprüfen, ob man sich selbst gerade etwas vormacht oder nicht. Aber man sollte sich nicht von der Angst, dass man vielleicht nicht mit der Geistigen Welt in Kontakt steht, aufhalten lassen, sich mit ihr zu verbinden und mit ihr zusammenzuarbeiten. Es ist normal, dass das während der Ausbildung immer mal wieder passiert, dass man sich etwas vormacht, und manchmal glaubt man auch selbst daran, was man sich gerade vormacht. Das ist auch nicht schlimm, doch überprüfe dich selbst immer wieder. Nimm es aber mit einem Lächeln, wenn du merkst, dass du gerade in eine »Falle« getreten bist. Ich habe inzwischen fast zehn Jahre Ausbildung hinter mir, davon acht sehr intensive, auch heute gehe ich immer wieder mal für ein paar Wochen pro Jahr zur weiteren Ausbildung.

Ja, und auch ich lerne immer noch dazu, erlebe es ebenso immer wieder, dass ich wie früher an gewisse Dinge glaube und für real ansehe und dann merke, dass es so nicht ist oder nicht ganz so, wie ich es früher geglaubt habe. Deswegen stütze ich mich heute nur noch auf meine eigene Wahrnehmung, und es ist mir relativ egal, was in Büchern steht oder andere erzählen. Ich schaue mir andere Meinungen immer mal wieder an und überprüfe sie, doch auch wenn ich allein dastehe mit meiner Wahrnehmung, es ist die einzige, die ich in diesem Moment als die richtige ansehen kann. Ich würde jedem, der ein Buch liest, auch dieses hier, vorschlagen, die Worte und Zeilen für sich selbst zu überprüfen. Zu schauen, stimmt das für dich oder nicht. Du solltest nicht einfach blind an etwas glauben, nur weil es in einem Buch steht, bilde dir deine eigene Meinung, denn nur dann kannst du dir sicher sein, dass es stimmt. Auch wenn es nur für einen kurzen Moment ist, aber für diesen Moment hat es gestimmt.

Das nächste Thema, das ich hier noch anschneiden möchte, betrifft die Geistführer und die Reinkarnation. Reinkarnation ist ein Thema, mit dem ich immer mal wieder konfrontiert werde. Auch darüber habe ich bereits geschrieben, und doch möchte ich es diesmal noch etwas tiefer beleuchten. Als ich mit meinem letzten Buch *Nachrichten aus dem Jenseits* auf Buchtournee war, wurde mir diese Frage jeden Abend gestellt, wirklich jeden Abend. Viele hatten meine Bücher schon gelesen und das Kapitel mit der Reinkarnation nicht ganz verstanden. Daher werde ich hier noch einmal genauer erklären, welche Funktion die Geistführer dabei haben. Darüber habe ich bisher noch nirgends etwas gelesen. Auch wenn es heikel ist und vielleicht sogar noch mehr verwirrt, glaube ich, es ist an der Zeit, dass viele Reinkarnation verstehen und dass es vielen sogar helfen wird, zu einem tieferen Verständnis für die Geistige Welt und für uns selbst zu kommen.

Aber zuerst müssen wir uns das Thema »Wiedergeburt« anschauen. Bei dem Thema »Reinkarnation« kommt natürlich sehr schnell auch die Frage auf, wie es sein kann, dass ich als Medium mit Verstorbenen in Kontakt treten kann, wo es doch Wiedergeburt geben soll? Wie kann das sein, dass ist doch nicht möglich. Entweder man wird wiedergeboren oder man lebt im Jenseits weiter, aber beides geht doch nicht! Es geht tatsächlich beides, egal wie lange jemand schon verstorben ist. Wir gehen von einem falschen Standpunkt aus, wir denken, dass unser Körper unser Ich ist. Oder wir sagen, in unserem Körper ist eine Seele, und diese Seele ist unser Ich. Aber deine Seele ist etwas viel Größeres, deine Seele ist nicht in deinem Körper, und deine Seele hat auch nicht den Namen, den du gerade trägst. Nennen wir deinen Körper für dieses Thema Hans, dann sind die nächsten Zeilen vielleicht leichter zu verstehen. Dein Körper besitzt nur einen Teil der Seele in sich, einen Aspekt, wie ich es nenne. Der Körper und der Aspekt deiner Seele, der hier gerade mein Buch liest, ist das erste und letzte Mal auf dieser Erde geboren. Also so, wie du jetzt zusammengesetzt bist, dieser Körper, den wir Hans nennen, wird in dieser Zusammensetzung nie mehr auf die Erde zurückkehren.

Hier noch einmal mit einem anderen Beispiel, anhand eines Brotteiges. Stell dir vor, in der Geistigen Welt gäbe es einen Brotteig (Seele), einen sehr großen Brotteig, um es sich besser vorzustellen. Dieser Brotteig ist deine Seele, bildlich gesehen. Aus einem kleinen Teil dieses Brotteigs wird nun ein Brot-Männchen oder -Frauchen geformt, dieses wird geboren, auf der Erde nennen wir es Hans. Die gesamte Seele/der Brotteig ist nicht in Hans Körper, wie wir immer denken, sondern dort ist nur ein kleiner Aspekt der Seele. In Hans Körper ist also ein Aspekt der gesamten Seele, ein kleiner Teil des Brotteigs. Hans lebt hier auf der Erde und nimmt sich als Individuum wahr, aber im Grunde ist er nur ein Aspekt, ein kleiner Teil der Seele und in Wirklichkeit nicht getrennt von der restlichen Seele (Brotteig), denn alles, was in ihm enthalten ist, im Kleinen wie im Großen, ist in der gesamten Seele enthalten. Jetzt kommt Hans durch einen Brand ums Leben. Er geht in die Geistige Welt und lebt dort weiter, doch seine Ängste, Erfahrungen und das, was er gelernt hat, gehen zurück in die gesamte Seele, also in den gesamten Brotteig. Wir könnten es auch Karma nennen, egal ob positives oder negatives. Hans wird jetzt in der Geistigen Welt bleiben, jedenfalls werden die genauen Aspekte, mit denen er auf der Erde war, in der Zusammensetzung in der Geistigen Welt weiterleben und dort für immer bleiben. Aber seine Entwicklung ist dort nicht abgeschlossen, sondern sie geht weiter. Doch das schauen wir uns später genauer an. Somit kann ich als Medium mit Hans in Kontakt treten, weil Hans in dieser Zusammensetzung, so wie er gestorben ist, für immer in der Geistigen Welt bleibt, also könnte ich auch noch in hunderttausend Jahren mit ihm in Kontakt treten, vorausgesetzt, ich lebe dann noch. Da Hans nur ein kleiner Aspekt der Seele ist, die mit dem gesamten Brotteig/Seele verbunden ist, sind auch alle Informationen, die Hans ausmachen, im Brotteig. Aus diesem gesamten Brotteig/Seele werden ständig neue Aspekte/Brotteig-Menschen

(Menschen, die aus einem Teil oder Aspekt dieses großen Brotteigs bestehen) auf die Erde geschickt/geboren. In diesen »neuen« Brotteig-Menschen sind natürlich auch Aspekte von Hans enthalten. Es wird somit nicht Hans als solches wiedergeboren, in der Konstellation, wie er schon einmal hier war, sondern Teile oder Aspekte des Brotteiges, die schon in Hans waren, werden reinkarniert. Insofern könnte das neue Brotteig-Menschlein, nennen wir es Susi, wenn es bei einer plötzlichen unbeschreiblichen Angst vor Feuer eine Rückführung macht, wahrscheinlich in Resonanz mit den Brotteig-Aspekten von Hans kommen, da wir ja gesagt haben, dass Hans bei einem Brand ums Leben kam. Susi würde dann bei der Rückführung erfahren: »Ich war einmal ein Mann namens Hans, der bei einem Brand gestorben ist.« Aber genau hier liegt der Denkfehler! Sie war nie Hans. Beide kommen nur aus demselben Brotteig/Seele, und die Aspekte von Hans gingen nach seinem Tod zurück in den Brotteig, daher ist natürlich auch seine Todesursache im Brotteig enthalten. Jetzt hat Susi bei dieser Inkarnation genau diesen Aspekt bekommen, und somit ist in ihrem Zellbewusstsein die Angst vor Feuer gespeichert. Sie trägt allerdings nur die Erfahrung von Hans in sich und nicht Hans. Das ist der Grund, warum ich als Medium mit Verstorbenen kommunizieren kann, und wir trotzdem wiedergeboren werden. Weil wir im Grunde der Brotteig sind, die Seele, und nicht die wenigen Aspekte, die sich in dem Körper befinden, in dem wir gerade stecken.

Ich weiß, sehr kompliziert, doch jetzt legen wir erst richtig los. Nämlich, wo sind die Geistführer in der ganzen Geschichte? Jetzt wird es kompliziert, ich denke, dass die Geistführer nichts anderes als Aspekte unserer eigenen Seele sind, dass der Geistführer aus demselben Brotteig kommt wie wir. Greifen wir dazu Hans wieder auf, der jetzt vielleicht schon ein paar Hundert Jahre in der Geistigen Welt ist. Schreitet seine Entwicklung dort voran, wird er eines Tages die Aufgabe bekommen, Menschen zu begleiten und zu helfen, dass sie sich weiterentwickeln können. Vielleicht hat Hans damals in seinem körperlichen Leben sehr viel Erfahrung gesammelt, was Meditation oder geistiges Leben betrifft oder was auch immer, und er hat sich auch in der Geistigen Welt darüber mit anderen Geistwesen unterhalten. Er hat also in der Geistigen Welt mehr Wissen angesammelt und bekommt jetzt die Aufgabe, einen Menschen von der Geistigen Welt aus zu begleiten, wie dieser seine ersten Meditationserfahrungen macht. In den ersten Monaten/Jahren hat der neue Geistführer Hans natürlich noch einen Lehrmeister an seiner Seite, einen Geistführer, der schon sehr viel Erfahrung hat, Menschen in Meditation zu unterstützen. Hans und sein Lehrmeister sind auf diesem Gebiet Spezialisten, das sollte man wissen. Aber nur, weil Hans jetzt Geistführer ist, ist er nicht allwissend. Er hat vielleicht keine Ahnung, was Yoga betrifft oder Medialität, dort braucht sein Schützling einen anderen Fach-Geistführer. Ich denke sogar, dass unsere Geistführer, die uns während unserer Inkarnation zur Seite stehen, ebenso Aspekte oder Teile unseres Brotteigs/Seele sind, weil wir eigentlich aus ein und demselben Brotteig stammen. Daher könnte man sagen, von einem sehr hohen Standpunkt aus betrachtet: Auch wenn uns unsere Geistführer unterstützen, also mich der große Bär, hilft er im Grunde sich selbst, da er und ich aus demselben Brotteig stammen. Wir sind genau genommen ein und dasselbe, und doch ist der Geistführer ein Teil, der außerhalb von mir ist, mit einer eigenen individuellen Persönlichkeit.

Vielleicht verwirrt das jetzt einige, weil ich an anderer Stelle geschrieben habe, dass Geistführer schon viele Male inkarniert haben, und ich jetzt schreibe, dass Hans in der Geistigen Welt bleibt und sich dort zum Geistführer entwickelt? Ja, das stimmt, aber die Aspekte, die in Hans waren, also die, die nach dem körperlichen Sterben in den Brotteig zurückgegangen sind, haben sich immer wieder inkarniert und weitere Erfahrungen gesammelt. Und da diese Aspekte ebenso Teile von Hans sind, entwickelt sich Hans in der Geistigen Welt weiter, wenn sich seine inkarnierten Aspekte auf der Erde weiterentwickeln, da er immer in Verbindung zu seinen Aspekten steht und zum gesamten Brotteig. Somit ist unser Gefühl, dass wir wiedergeboren werden, richtig, denn das tun wir auch, und doch ist es eine Illusion, da wir einfach viel mehr sind, als unser Gehirn erfassen kann; und solange unser Gehirn nur so wenig verstehen und bewusst wahrnehmen kann, werden wir auch immer nur einen beschränkten Teil der Wahrheit verstehen und bewusst erfahren können. Ich hoffe, diese Zeilen haben dich nicht zu sehr verwirrt, sondern etwas Licht ins Dunkel gebracht.

Zum Schluss dieses Kapitels möchte ich noch ein Thema ansprechen, das ich sehr wichtig finde, und zwar die Abhängigkeit von Geistführern. Leider gibt es sehr viele Menschen, die nur deshalb Kontakt zum Geistführer wollen, damit sie jemanden haben, der ihnen alle Fragen beantwortet und immer für sie da ist. Noch schlimmer wird es, wenn diese Leute dann keine Entscheidung mehr allein treffen, also ohne erst ihren Geistführer befragt zu haben. Ich erlebe es selbst manchmal, dass die Leute erwarten, dass ich vor einer Entscheidung erst meinen Geistführer frage, ob ich dies oder jenes tun soll. Viele sind dann ganz enttäuscht, wenn sie merken, dass ich keine Rücksprache mit meinen Geistführern nehme, weil ich weiß, wenn sie mir etwas zu sagen haben, dann werden sie sich melden. Wenn sie mit einer Entscheidung von mir nicht einverstanden sind oder mich warnen möchten, dann schicken sie mir Zeichen und Botschaften, da muss ich nicht bei jeder Entscheidung Rücksprache halten. Wir haben den freien Willen bekommen, wir müssen unsere Erfahrungen machen, die wir brauchen, um zu wachsen und uns zu entwickeln, damit meine ich durchaus auch alle positiven Erfahrungen. Ein Geistführer würde sich sofort zurückziehen, wenn er merkt, dass wir uns von ihm abhängig machen, wenn wir uns bei jeder Kleinigkeit erst einmal zurückziehen und auf die Antwort von der Geistigen Welt warten. Ich wäre sehr vorsichtig oder würde es genauestens überprüfen, wenn du einen Geistführer an deiner Seite hast, der dir die unwichtigsten und kleinsten Fragen beantwortet, ob es sich wirklich um ein Geistwesen handelt oder ob du in die Falle des eigenen Egos getreten bist. Mir war lange nicht bewusst, das man in diese Falle der Abhängigkeit treten könnte, doch je mehr Menschen ich unterrichtet oder andere Medien getroffen habe, desto mehr merke ich, dass hier eine Gefahr sein könnte. Daher möchte ich es in diesem Buch zumindest angesprochen haben.

Dazu noch ein lustiges Erlebnis. Ich habe mal ein Seminar gegeben, ich weiß nicht mehr zu welchem Thema, und wir gingen in der Mittagspause alle in ein Restaurant essen. Ich bestellte eine Pizza Margerita wie immer oder fast immer, und eine Kursteilnehmerin schaute mich mit offenem fragendem Blick an. Ich fragte sie, ob alles okay sei, und sie meinte: »Bestimmt hat dir dein Geistführer gesagt, was du essen sollst! Denn du wusstest ja sofort, was du essen willst, ohne in die Karte zu schauen!« Ich lachte und hielt es für einen Witz, denn jeder, der mich etwas länger kennt, weiß, dass ich fast immer, wenn ich auswärts esse, Pizza Margerita und eine Cola bestelle, darüber haben sich schon meine Mitschüler in meiner Ausbildungszeit immer lustig gemacht. Die Kursteilnehmerin aber meinte: »Hat es einen Grund, warum dich dein Geistführer gerade diese Pizza essen lässt?« Ich lachte immer noch, in der Annahme, die Frau mache Witze: »Ja klar, weil er weiß, dass ich sie gern mag!« »Und die Schwingungen? Ich meine, du hast es schon gut, deine Geistführer können dir immer sagen, was du essen sollst, und somit isst du immer das, was für dich gut ist.« Langsam begriff ich, dass es diese Frau ernst meinte, daher sagte ich: »Ich würde nie auf die Idee kommen, die Geistführer zu fragen, was ich essen soll, ich kann doch selbst die Karte lesen, und ich weiß doch, was mir schmeckt. Ich bin frei und nicht abhängig von meinen Geistführern. Außerdem würde mir wohl jeder Geistführer etwas anderes empfehlen, je nachdem, was er gerne gegessen hat.« Die Frau schaute mich fast enttäuscht an und meinte dann: »Also, ich würde immer auf meine Geistführer hören, wenn ich so guten Kontakt hätte wie du. Ich würde sie immer zuerst fragen, ob sie damit einverstanden sind, was ich gerade machen möchte. Schade, dass du das nicht machst und nicht so respektvoll deinen Führern gegenüber bist. Na ja, du bist ja auch noch jung, und da fehlt halt der nötige Respekt.« Ohhh ja, wie ich diesen letzten Satz liebe, sie bekam dann ein herzliches respektvolles Lächeln von mir, natürlich habe ich meinen Geistführer vorher um Erlaubnis gefragt, und ich wusste, dass es keinen Sinn hat, mit ihr darüber zu reden.

Weitere Geschichten und Erlebnisse mit Geistführern

Zum Schluss dieses Buches möchte ich einigen anderen noch die Gelegenheit geben, ihre Geschichten mit Geistführern zu erzählen. Ich danke allen, die mir ihre Geschichten gegeben haben, und freue mich, dass wir sie miteinander teilen können. Hier zuerst ein Erlebnis, das Bahar mir erzählt hat und das ich auch sehr spannend fand. Die ältere Schwester von Bahar ist ein absoluter Engelfan, ich glaube, sie weiß noch viel mehr über Engel als ich, obwohl sie Anwältin ist und kein Medium. Sie hatte gerade eine Krise und bat die Geistige Welt um einen Rat. Sie zog eine Engelkarte, und darauf war ein Engel mit Namen »Serafina«. Die Botschaft auf der Karte war ziemlich eindeutig, und doch nagten auch Zweifel an ihr: »Liebe Engel und Geistführer, bitte schickt mir ein Zeichen, dass die Botschaft wirklich echt ist.« Ein paar Minuten später war Bahar am Meditieren, sie wusste absolut nichts davon, was sich im Zimmer ihrer Schwester abgespielt hatte. Auf einmal fühlte Bahar ganz intensiv, dass ein Geistwesen nahe zu ihr kam, und sie fragte nach, wer es sei, und vernahm: »Ich bin Serafina, der Geistführer deiner Schwester. Sag ihr das!« Mehr vernahm sie nicht, und als sie die Meditation beendet hatte, ging sie sofort zu ihrer Schwester ins Zimmer und sagte: »Du, als ich beim Meditieren war, kam ein Geistführer und meinte, dass er Serafina sei und dein Geistführer, ich soll dir das sagen.« Die Schwester wurde bleich, sehr bleich, begann vor

Freude zu weinen und erzählte Bahar, was sich vorher in ihrem Zimmer abgespielt hatte. Beide waren überglücklich über die sehr klare Botschaft aus der Geistigen Welt.

Feedback zu Geistführerlebnissen

Die Suche nach dem Namen

Durch den Tod eines Kindes aufgerüttelt, habe ich mich immer mehr mit der Geistigen Welt auseinandergesetzt und bin »per Zufall« auf Pascal aufmerksam geworden. Nach dem Lesen seines Buches meldete ich mich für eine Sitzung an und kurz darauf auch für ein Geistführer-Seminar, damals noch ein eintägiges. Ich war sehr nervös bei diesem Seminar, hatte meine Bedenken, ob ich überhaupt fähig bin, mit meinem Geistführer Kontakt aufzunehmen, denn ich empfinde mich nicht als medial, im Gegenteil. Ich war wohl nicht die Einzige, die so dachte, Pascal musste zu Beginn einige Witze machen, um die Stimmung aufzuhellen. Schon bald machten wir die erste Meditation, bei der wir den Namen unseres Geistführers erfahren sollten. Es klappte nicht so ganz, gerade drei Namen schwirrten plötzlich in meinem Kopf herum. Der Name meines Sohnes, »Toni«, den Pascal vorher für ein Beispiel genannt hatte, und »Rosmarie«, der Name einer Frau, die mir vor kurzem wie ein rettender Engel in einer schwierigen Situation begegnet war. In der anschließenden Runde erzählte ich mein »Resultat«. Pascal meinte: »Macht nichts, nimm einfach ›Rosmarie‹, das passt am besten.« Komisch, obwohl ich wusste, dass dieser Name eigentlich nicht der Name meines Geistführers sein kann, lockerte Pascals Antwort meine Anspannung. Ich dachte, so schwierig war das nun auch wieder nicht, und konnte mich von dem Moment an viel besser auf das Seminar und die Meditationen einlassen. Gegen Ende des Seminars machten wir dann eine ganz lange Meditation, bei der wir unseren Geistführer baten, sich uns zu zeigen. Tatsächlich, in dem Moment »sah« ich für den Bruchteil einer Sekunde eine dunkelhäutige Frauengestalt vor mir stehen, mit dem Rücken zu mir, sie schritt irgendwie vor mir her, in einem langen blauen Kleid. Dieses Bild verband sich in meinem Kopf blitzschnell mit einem Bild, das ich einmal in einem Buch gesehen hatte. Dort trug eine Frau einen Wasserkrug auf dem Kopf. Es war ein sehr berührender Moment. Sogar jetzt beim Schreiben, gut ein Jahr später, spüre ich wieder dieses warme Gefühl in mir, das dieses Bild ausgelöst hat. In der anschließenden Runde erzählte jede/r, was er gesehen/gespürt hatte, und Pascal ergänzte diese Bilder noch mit seiner Wahrnehmung. Es war eine ganz eindrückliche, sehr intensive, sehr lange Runde. Pascal bat uns um Ruhe und Konzentration. Es dauerte lange, bis er bei mir angelangt war. Er bestätigte mir mein Bild von dieser Frau und meinte: »Den Wasserkrug kannst du weglassen, der entsprang deiner Phantasie, aber den Rest sehe ich auch so. Sie bringt Leichtigkeit und Liebe in dein Leben. Du hast deinen Weg gefunden, geh diesen Weg weiter. Mehr sage ich dir nicht.« Ich war glücklich, dass Pascal mein Bild bestätigte, aber auch enttäuscht, dass er mir nicht mehr sagen wollte. Ich hatte keine Ahnung, was er damit meinte: »Du hast deinen Weg gefunden.« Ich hatte überhaupt nicht das

Gefühl, meinen Weg gefunden zu haben, im Gegenteil, in meinem Kopf herrschte ein furchtbares Chaos, so viel Neues hatte ich innerhalb kürzester Zeit erfahren, ich hatte keine Ahnung, wie das weitergehen sollte. Ich fragte nach. Pascal zuckte nur lächelnd die Schultern und wiederholte: »Ich sage dir nicht mehr, du wirst es selber herausfinden.« Sehr glücklich, aber auch sehr aufgewühlt bin ich dann nach Hause gefahren. Meiner Familie konnte ich nur wenig von all diesen Erlebnissen mitteilen. Ich finde es sehr schwierig, über solche Dinge zu reden. Den ganzen Abend hatte ich immer wieder das Bild meiner Geistführerin vor Augen, und erzählte ihr in Gedanken ganz viel. Auf einmal fragte ich sie: »Gell, du heißt nicht Rosmarie, dieser Name passt nicht zu einer Inderin, würdest du mir deinen richtigen Namen sagen?« In dem Moment »sah« ich ganz deutlich einen Namen vor mir, Laila. Dieser Name passt wirklich, und seither heißt meine Geistführerin »Laila«.

In den nächsten Wochen und Monaten dachte ich viel über die Geistige Welt nach und verschlang einige Bücher zum Thema. Ich versuchte, meine ersten Schritte im Meditieren und redete ganz viel mit meiner Geistführerin. Es kam mir vor, als würde ich eine neue Welt entdecken, und fühlte mich dabei wie ein Kind, das seine ersten Gehversuche macht. Manchmal spürte ich meine Geistführerin sehr nahe, aber immer wieder zweifelte ich doch an meiner Wahrnehmung, dachte, ich hätte bloß zu viel Phantasie. Trotzdem ließ mich das Thema nie mehr los, und irgendwann machte auch diese Botschaft, die mir Pascal mitgegeben hatte, einen sehr großen Sinn für mich. Etwa ein dreiviertel Jahr später näherte sich langsam der Termin, an dem meine Tochter zu Pascal gehen konnte zu einem Jenseitskontakt. Es war ihr sehnlichster Wunsch, auch einmal mit ihrem verstorbenen Bruder reden zu können, denn sie glaubte mir immer noch nicht so ganz, was ich da ab und zu erzählte, dass Verstorbene uns weiterhin begleiten, dass sie nicht einfach »verschwinden«, sondern immer noch nahe bei uns sind usw. Wir redeten über diesen Tag, wie wir das organisieren wollten usw. Kurz darauf kam sie eines Abends ziemlich verstört aus dem Zimmer und fragte mich: »Wann ist der Termin bei Pascal?« Ich sagte ihr das Datum in fünf Wochen. Sie sagte darauf: »Gerade habe ich ein Telefonat vom Giger-Verlag bekommen, dass sie den Termin von nächster Woche verschieben müssen.« Ich fiel aus allen Wolken, was war da los, der Termin war doch erst in fünf Wochen. Am nächsten Tag habe ich selbst dort angerufen, und mir wurde bestätigt, dass der Termin schon nächste Woche gewesen wäre, und dass sie ihn verschieben mussten. Ich verstand die Welt nicht mehr, jetzt hatte ich doch tatsächlich ein falsches Datum aufgeschrieben. Der Tag stimmte, aber der Monat nicht. Mir lief es heiß und kalt den Rücken hinunter. Beinahe hätte meine Tochter wegen so einem blöden Missverständnis diesen lange ersehnten Termin verpasst. Aber offenbar wollten mein Sohn und die Geistige Welt, dass es klappt. Aus irgendwelchen Gründen musste Pascal genau diesen Termin verschieben.

Mich wühlte das alles sehr auf, ich konnte es kaum glauben, dass die Geistige Welt sich so um uns bemühte, dass sie dieses Missverständnis einfach ausbügelte, so dass es schlussendlich doch noch gut endete.

Anders konnte ich mir das Ganze nicht erklären. Total aufgewühlt ging ich zum Lieblingsort unseres verstorbenen Sohnes spazieren. Es war ein trauriger Spaziergang. Ich war total durcheinander, weinte fast den ganzen Weg und bat meinen Sohn um ein Zeichen, was das alles bedeuten solle. Ich fragte ihn auch, ob ich wirklich weitermachen soll auf diesem Weg, mich noch mehr mit der Geistigen Welt befassen soll usw. Denn manchmal wurde mir das alles etwas zu viel. Ich brachte diese zwei Welten oft einfach nicht zusammen, fühlte mich so hin- und hergerissen. Am Lieblingsort meines Sohnes angekommen, hatte ich mich ein wenig beruhigt, schaute mich um, und auf einmal fiel mein Blick auf einen alten, ziemlich vermoderten Balken. Ein einziger Name war dort eingraviert: LAILA stand dort, in großen schönen Buchstaben. Der Name meiner Geistführerin. Zufall? Noch viel aufgewühlter machte ich mich auf den Heimweg. Ich konnte es kaum glauben, dass mir die Geistige Welt da wirklich ein so handfestes Zeichen geschickt hatte. Zu Hause angekommen meldete ich mich sogleich für ein weiteres Geistführer-Seminar an, diesmal ein zweitägiges. Ich muss diesen Weg einfach weitergehen. Dieses Erlebnis hat mir sehr viel Sicherheit und Halt gegeben. Je mehr ich darüber nachdachte, umso mehr spürte ich, dass uns die Geistige Welt wirklich auf unserem Lebensweg begleitet und auch aufpasst, damit nichts »schief«läuft.

Mein kleines Wunder oder: Paps, mein Schutzengel?
Beim allerersten Mal, als ich die Gegenwart von etwas Größerem bewusst wahrnahm, muss ich ungefähr fünfundzwanzig Jahre alt gewesen sein. Es war

spät nachts, und ich fuhr eine gute Freundin nach Hause. Wir hatten zuvor einen feuchtfröhlichen Abend in einem Club verbracht, und eigentlich wollte ich noch nicht nach Hause, da ich mich umgarnt fühlte und ich den Abend noch nicht beschließen wollte. Also fuhr ich, nachts um drei Uhr, den ganzen Weg wieder allein zurück. Etwa drei Kilometer vor meinem Ziel, auf einer langen Geraden, kam ich plötzlich ins Schleudern. Unter normalen Umständen hätte ich bei dieser Geschwindigkeit von der Straße abkommen müssen, doch es geschah alles wie in Zeitlupe, ich habe mich mindestens fünfmal, auf allen vier Rädern stehend, auf der Straße gedreht und immer, wenn das Auto drohte wegzurutschen, stieß es seitlich wie auf Watte und blieb auf der Straße, um dann irgendwann nach Ewigkeiten endlich zu stehen. Es war ein Zeichen, nur habe ich zwar das »Wunder« wahrgenommen, doch die Zeichen übersehen. Jahre später, als ich mich intensiver mit den Themen »Schutzengel« und auch »Verstorbene« als Begleiter und Beschützer auseinandergesetzt habe, ist mir aufgefallen, dass ungefähr zwei Jahre vor diesem Ereignis mein Vater mit zweiundfünfzig Jahren an Krebs gestorben war. Er war zu Lebzeiten ein Frauenschwarm und Lebemensch gewesen, Verantwortung war ihm ein Graus, und er hatte so alle paar Jahre einen Autounfall mit Totalschaden, die allesamt spätnachts, zwar unter Alkoholeinfluss, aber für ihn glimpflich, da auf dem Land, also unverletzt und ohne Polizei, verliefen. Heute bin ich mir ziemlich sicher, dass mein Vater in irgendeiner Weise seine Finger im Spiel hatte, denn alle diese Faktoren, die sein Leben so sehr prägten, waren an diesem einen Abend in meinem ganzen Verhalten enthalten! So war es ihm doch noch möglich, über seinen Tod hinaus seine Verantwortung für mich wahrzunehmen und ein Zeichen zu setzen. Danke, Paps. Danke, das ist dir gelungen!

Häufig gestellte Fragen
im Interview

Zum Schluss möchte ich noch ein paar Fragen beant-worten, die mir immer wieder gestellt werden. Ich ha-be mit Absicht die Interviewform gewählt, somit kann man, auch wenn man das Buch schon gelesen hat, einfach mal nachschlagen, wenn man vielleicht eine Frage hat, ohne das ganze Buch noch einmal le-sen zu müssen.

Pascal, ich bin mir immer noch nicht ganz sicher, ob ich ei-nen Geistführer habe, was kann ich machen?
Denk daran, mir ist noch kein Mensch begegnet, der keinen Geistführer hatte. Mir sind viele begegnet, die sie nicht wahrnehmen oder die an der Geistigen Welt zweifeln. Jeder Mensch hat Geistwesen, die sich um ihn kümmern. Das solltest du dir bewusst machen, denn der Zweifel ist das größte Hindernis auf dem Weg zu deinem Geistführer. Denk auch daran, du kannst die Geistwesen nicht mit deinem Kopf verste-hen, vor allem solange du zweifelst, Zweifel können nur im Kopf entstehen, im Herzen, im wahren Sein, gibt es keinen Zweifel. Lass dir Zeit, hab Geduld und bitte deine Geistführer um ein Zeichen, bitte um ein klares Zeichen, und ich bin sicher, du wirst es bekom-men. Doch bedenke, es kann Monate dauern, erwar-te es nicht in der nächsten Minute, in der nächsten Stunde. Lass es reifen und vertraue. Das ist der einzi-ge Tipp, den ich habe. Sollte auch das nicht helfen, gibt es nur noch die Möglichkeit, in ein Seminar zu ge-

hen, vielleicht kann man dir dort die Sicherheit geben, aber die Erfahrungen musst du immer allein machen, ebenso musst du das Vertrauen aufbringen, das kann kein Seminarleiter für dich tun. Egal, wie gut er ist.

Ich habe die Übungen gemacht, doch ich habe das Gefühl, ich bilde mir alles nur ein!

Diese Frage höre ich in jedem Seminar, und ich kann sie sehr gut verstehen, da ich auch jemand bin, der immer Gewissheit haben möchte, und doch kann dir niemand diese Gewissheit geben außer du selbst. Woher kommt diese Angst, dass wir uns alles nur einbilden könnten? Wenn wir uns mit spirituellen Themen beschäftigen, lernen wir automatisch auch Menschen kennen, deren Phantasie überschäumend ist, normalerweise belächeln wir solche Menschen, aber jetzt haben wir Angst, wir könnten selbst nicht für voll genommen werden von unseren Mitmenschen. Solange du dich fragst, ob du dir das alles vielleicht nur einbildest, solange kann du davon ausgehen, dass du kritisch genug bist, um nicht in eine totale Phantasiewelt abzurutschen. Es ist gut, nicht alles blind zu glauben, und es ist ebenso wichtig, den Zweifel loszulassen. Bedenke, die Phantasie kann uns helfen, mit dem Übersinnlichen in Kontakt zu treten, meist ist die Phantasie die Brücke in die absolut reale Geistige Welt. Denn von der Aura her gesehen haben Künstler, die eine sehr ausgeprägte Phantasie haben und extrem kreativ sind, dieselbe Farbe wie ein Medium. Beide haben einen sehr hohen Anteil violetter Farbe in der Aura, und ich glaube, heute ist für viele klar, dass viele der bekanntesten Dichter, Schriftsteller oder Musiker von der Geistigen Welt inspiriert waren. Zum Beispiel der

Musiker, den wir alle kennen und der nicht vor hundert Jahren gelebt hat, der selbst von sich sagte, dass er seine Musik von »oben« bekommt: Michael Jackson. Ich bin überzeugt, dass er auch in Zukunft Musiker inspirieren wird. Ich bin aber auch überzeugt, dass bald einige Medien oder sogenannte Medien kommen und anfangen zu singen und sagen, dass Michael Jackson durch sie singt! Da würde ich mir dann Sorgen machen und würde überprüfen, ob die Phantasie wirklich noch Phantasie ist oder schon krankhaft.

Ja okay, aber es gibt ja wirklich Menschen, die eigenartige Dinge machen und sagen, sie hätten diese Aufforderung von der Geistigen Welt bekommen.
Das stimmt, aber habe keine Angst davor, dass die Geistige Welt möchte, dass du Dinge tust, bei denen du eigenartig oder gar lächerlich wirkst. Ja, es gibt Menschen, die eigenartige Dinge machen, aber diese Aufforderungen kommen nie aus der Geistigen Welt, sondern entstehen in den Köpfen dieser Menschen. Immer wenn du Botschaften bekommst, die dir eigenartig vorkommen oder die dir Angst machen oder einfach völlig abgedreht sind, kannst du sicher sein, dass dies nicht von deinen Geistführern kommt. Die Geistführer wollen nur das Beste, nie würden sie dich in eine unangenehme Situation bringen. Nie würden sie wollen, dass du lächerlich wirkst oder wegen des Kontaktes zu ihnen belächelt wirst.

Ich habe einmal eine ganz klare Botschaft von meinem Geistführer bekommen und seitdem nie wieder. Ist er jetzt weg?
Du kannst sicher sein, dass, wenn du einmal Kontakt zu deinem Geistführer hattest, er nicht einfach so ver-

schwindet oder weg ist. Hat ein Geistführer eine wichtige Nachricht für uns oder möchte er uns unbedingt etwas mitteilen, gelingt es ihm, auch wenn wir zum Beispiel nicht an ihn glauben oder die Kommunikation mit den Geistwesen nicht geübt haben. Es gibt immer wieder Berichte, wo Menschen Botschaften aus der Geistigen Welt erhalten, obwohl sie nichts mit übersinnlichen Themen zu tun haben. Ich bin überzeugt, dass dein Geistführer immer noch an deiner Seite ist, sei einfach entspannt und mach dir nicht zu großen Druck, dann wird die Kommunikation bald klappen.

Wenn ich sterbe, treffe ich dann meinen Geistführer?
Ja, davon bin ich hundertprozentig überzeugt. Es gibt viele Verstorbene, die mir bei einer Jenseitskontakt-Sitzung erzählen, dass sie von nahen Verwandten, von Engeln und Geistführern abgeholt wurden. Ich denke, Krankenschwestern kennen das auch, dass Patienten vielfach vor dem Tod mit jemandem reden, der für uns nicht sichtbar ist. Es würde auch keinen Sinn machen, dass uns die Geistführer im Moment des Todes allein lassen. Ich weiß, dass sie da sind und uns auch helfen werden, wenn wir uns in der »neuen«, eigentlich ja »alten« Heimat zurechtfinden, und wir werden dabei liebevoll von unseren Führern unterstützt.

Und wenn ich nie bewussten Kontakt zu meinem Geistführer hatte oder wenn jemand nicht an Geistführer glaubt, bin ich dann dennoch nicht allein?
Keine Sorge, du brauchst keinen bewussten Kontakt zu den Geistwesen, damit sie sich um dich kümmern, jedem, der in die Geistige Welt kommt, wird geholfen und er wird unterstützt. Genau so, wie jeder hier auf

der Erde seine Unterstützung aus der Geistigen Welt erhält, auch wenn wir diese nicht immer wahrnehmen können, sind wir weder im Diesseits noch im Jenseits allein.

Kann ich meinen Geistführer auch um alltägliche Dinge bitten?
Können schon! Klar kannst du ihn um einen Parkplatz bitten. Doch bedenke, solche Dinge kannst du auch mit deiner eigenen Resonanz schaffen. Ich sage immer, wenn ich es selbst schaffen kann, dann mache ich das auch und bitte nicht meine Geistführer. Meiner Überzeugung nach würden sie uns nur dann einen Parkplatz suchen, wenn wir wirklich in einer Notlage wären – dann würden sie uns helfen. Denk immer daran, deinen Geistführer wie einen Freund zu behandeln. Würdest du einen Freund vorausschicken, um den Parkplatz zu reservieren? In einer Notsituation würde ich das sicherlich machen, aber sonst doch nicht. Wenn du möchtest, informiere dich über das Resonanzgesetz und arbeite damit, dann wirst du gute Erfolge erzielen, ohne dass du deine Geistführer belasten musst. Sie würden es sowieso nur machen, wenn es, wie gesagt, sehr wichtig für deine Entwicklung ist. Frage dich einfach immer, brauche ich jetzt wirklich Hilfe oder schaffe ich das auch allein? Manchmal braucht man wirklich Hilfe, wenn man beispielsweise nicht weiß, was man kochen soll, dann frage mal nach, und vielleicht bekommst du ein Zeichen aus der Geistigen Welt. Sei aber nicht enttäuscht, falls nichts kommt. Kannst du deine Probleme allein lösen, wirst du einfach keine Antwort bekommen. Aber natürlich helfen unsere Geistführer auch gerne

bei Kleinigkeiten, solange wir uns nicht davon abhängig machen. Merken sie, dass wir keine Entscheidung mehr ohne sie treffen oder wirklich bei jeder Kleinigkeit um ihre Hilfe bitten, werden sie sich einfach zurückziehen. Trotzdem sind wir immer beschützt und nie allein. Wir sind wunderbare Wesen, und wir haben die Schöpferkraft in uns, also sollten wir diese auch nutzen und uns nicht zu Abhängigen der Geistigen Welt machen.

Kann ich meinen Geistführer auch zu Familienangehörigen schicken? Oder zu Freunden, die Hilfe brauchen?
Ja, klar kannst du das, das ist etwas, was ich viel mache. Wenn ich weiß, einer Person geht es schlecht, und ich habe keine Zeit, mich um sie zu kümmern, bitte ich meine Geistführer darum, sich um die Person zu kümmern. Oder wenn jemand Heilung braucht und ich habe keine Zeit, Heilung zu schicken, weil ich zum Beispiel gerade Auto fahre und der Verkehr meine Aufmerksamkeit braucht, schicke ich meinen Geistführer, ebenso wenn jemand Unterstützung bei einer Prüfung oder bei einem Gespräch braucht. Schüler zum Beispiel, die meine Geistführer kennen, merken es ab und zu, wenn ich einen meiner Geistführer vorbeischicke. Das ist dann manchmal auch spannend für mich, wenn sie später anrufen und sagen: »Der große Bär war gerade bei mir, danke für die Unterstützung.« Das beweist mir dann auch, dass meine Geistführer wirklich meiner Bitte nachkommen und dass es sie wirklich gibt, sonst könnte sie wohl kaum eine zweite Person wahrnehmen, vor allem wenn sie nichts davon weiß. Aber wie gesagt, ja, du kannst deine Geistführer bitten, anderen Menschen zu helfen.

Jetzt habe ich eine Frage, die ist mir fast peinlich, aber schauen mir die Geistführer auch auf der Toilette oder beim Sex zu?

Ja, klar, überall! Nein, das war nur Spaß. Bedenke bitte, auch wenn es so wäre, ist es für die Geistführer nicht mehr spannend, da sie sich vom Körper gelöst haben, und ganz ehrlich, jemanden auf der Toilette zu beobachten, ist nicht wirklich interessant, wenn alles im Kopf stimmt. Die Geistführer haben durch ihre Entwicklung auf der Erde und in der Geistigen Welt kein Interesse mehr daran, jemanden im Bad oder in der Dusche zu beobachten.

Diese Frage muss dir nicht mal peinlich sein, denn ich höre sie sehr oft im Zusammenhang auch mit Jenseitskontakten, also ob einem die Verstorbenen im Bad zuschauen. Manchmal, wenn ich mich für Jenseitsdemonstrationen vorbereite, kommt es schon vor, dass sich jemand in dem Moment meldet, wenn ich auf der Toilette bin. Ich habe dazu schon meinen Geistführer befragt, warum das so ist. Er hat mir dann erklärt, dass das immer in Situationen passierte, in denen ich extrem angespannt war, und da ich mich auf der Toilette entspanne, können sie in dem Moment eher mit mir Kontakt aufnehmen, doch es hat einfach etwas mit der Entspannung zu tun. Aber auch da hatte ich noch nie das Gefühl, dass mir jemand etwas wegschauen möchte. Man sollte wirklich keine Angst haben, im Normalfall wird das nie der Fall sein. Auch beim Sex bin ich zu sehr mit anderen Dingen beschäftigt und kümmere mich nicht um Geistwesen, ich bin mir sicher, dass die Geistführer respektvoll genug sind und sich später melden.

Es ist auch nicht so, dass unsere Geistführer ständig um uns herum sind. Ich nehme nicht rund um die Uhr

Geistwesen – seien es Verstorbene, Engel oder Geistführer – bei den Menschen wahr. Es gibt Zeiten, da ist
niemand hier, und es gibt Zeiten, da sind ganz viele
anwesend. Da es ja in der Geistigen Welt keinen
Raum und keine Zeit gibt, ist innerhalb von einem
Bruchteil einer Sekunde jemand da, falls wir ihn brauchen. Wir können gar nicht so schnell denken, bevor
wir an den Geistführer denken, ist er schon zur Stelle.
Deine Angst ist wirklich unbegründet.

*Du hast vorhin gesagt, dass ich meine Geistführer zu ande-
ren Personen schicken kann, geht es auch umgekehrt? Kann
ich auch zu Geistführern von anderen Personen Kontakt
aufnehmen? Zum Beispiel zu deinem?*
Ja, klar, auch das geht. Du kannst mit jedem Geistführer Kontakt aufnehmen, wenn er es zulässt. Es gibt
viele Medien, die mit denselben Geistführern arbeiten. Es kann sein, dass zum Beispiel dein Hauptführer,
also den, den du im Moment hast, noch einen »Ne-
benjob« bei jemand anderen hat, oder einfach ab und
an bei jemandem vorbeischaut. Wenn ich mein Geistführer-Seminar gebe, gibt es einige Geistführer aus
meinem Team, die dann mit den Kursteilnehmern zusammenarbeiten. Mein Hauptführer, der große Bär, ist
während eines Kurses auch bei vielen Kursteilnehmern und hilft ihnen; es kommt sogar immer mal wieder vor, dass er sich ihnen zeigt. Wenn Bahar und ich
Heilbehandlungen geben, sind wir meistens zu zweit
mit dem Klienten im Raum. Man sollte nie allein in
Trance gehen vor einem Klienten, es kann zu gefährlich werden. Da man als Medium ja nicht voll bei Bewusstsein ist, kann man nicht schnell handeln, falls es
dem Klienten plötzlich schlecht geht. Daher kann der

zweite dann den Klienten stützen, während das Medium noch in tiefer Trance ist. Deswegen machen wir Heilungen immer zu zweit. Dabei kommt es oft vor, dass meine Geistführer Bahars Geistführer bei Heilungen unterstützen, auch wenn ich quasi nur zuschaue, oder umgekehrt, dass Bahars Geistführer mich unterstützen beim Heilen. Es ist also möglich.

Ist ein Geistführer nicht nur für eine Person da? Kann ein Geistführer mehrere Personen begleiten?

Wie schon angesprochen, ist es möglich, dass ein Geistführer mehrere Personen begleitet. Ich habe schon Geistführer meiner Lehrer bei mir gespürt, wenn auch nur für kurze Zeit. Sie haben mich zum Beispiel einfach für eine gewisse Zeit unterstützt. Es gibt auch Geistführer, deren Aufgabe ist es, mehrere Personen zu begleiten, oder Geistführer, die eine sogenannte »Joker«-Funktion haben. Gerade bei Seminaren erlebe ich es oft, dass ein Geistführer für mehrere Klienten zuständig ist oder dass ein Geistführer hilft, dass ein Teilnehmer Kontakt aufnehmen kann und der Geistführer quasi die Brücke spielt, bis es klappt. Ich erlebe viele solche Joker-Geistführer bei den Seminaren, die einfach helfen und die Teilnehmer unterstützen, damit sie ihre Erfahrungen machen können, und da kommt es oft vor, dass ein solcher Geistführer für mehrere Teilnehmer verantwortlich ist. Doch sobald diese den Kontakt zum eigenen Geistführer hergestellt haben oder nach einigem Üben sich weiterentwickeln und es ihnen dann gelingt, zum eigenen Geistführer Kontakt zu bekommen, gehen die Joker weg. Schließlich müssen auch unsere Geistführer erst lernen, mit uns in Verbindung zu treten, das dauert bei dem einen ein paar Sekunden, beim anderen kann es mehrere Wochen sein. Je nachdem, wie stark der Übungswille des Teilnehmers ist und wie lange sich der Teilnehmer schon mit der Thematik auseinandersetzt. Doch jeder der will, dem wird geholfen, und er wird den Kontakt zu seinem Geistführer finden.

Nennt der Geistführer den Namen, den er in einer seiner Inkarnationen gehabt hat?
Das kann sein, ist aber eher die Ausnahme, dafür gibt es keine Regel. Bedenke, dass dein Geistführer, jedenfalls einige Aspekte von ihm, vielleicht schon mehrfach inkarniert haben, also auch schon sehr viele Namen getragen haben. Der Name ist wirklich nicht so wichtig. Meist, wie schon gesagt, ist ein einfacher normaler Name etwa Peter. Es kann natürlich sein, dass sich dein Geistführer mit einem Namen vorstellt, den er in einem Leben gehabt hat, doch das ist wirklich die Ausnahme.

Mir gefällt der Name nicht, den mein Geistführer mir genannt hat, kann ich ihn wechseln? Er erinnert mich an meinen Exfreund.
Ja, das gibt es, dass wir einen Namen mit einer noch lebenden Person verknüpfen. Doch wie gesagt, für uns sind die Namen wichtig, unserem Geistführer ist es relativ egal, wie wir ihn nennen. Wenn dir der Name wirklich nicht gefällt, bitte deinen Geistführer um einen anderen Namen oder mach es wie ich, nenne ihn einfach deinen Freund. Meine Hauptführer kenne ich alle mit Namen, doch die Geistführer, mit denen ich nicht so viel zu tun habe, für die habe ich keine Namen, es ist für mich nicht mehr so wichtig. Ich nen-

ne sie einfach meine Freunde. Bedenke, nur du und dein Verstand brauchen einen Namen, dein Geistführer legt mehr Wert darauf, dass du ihn anerkennst und mit ihm zusammenarbeitest.

Mir fällt auf, dass von vierzig Seminarteilnehmern achtunddreißig einen männlichen Namen für ihren Geistführer erhalten haben. Gibt es bei den Geistführern keine Frauen? Nein, die gibt es dort nicht. Die Emanzipation ist noch nicht bis in die Geistige Welt vorgedrungen. Das war jetzt ein Scherz, natürlich gibt es genauso viele Frauen in der Geistigen Welt wie Männer, und das Privileg, ein Geistführer zu sein, ist nicht Männern vorbehalten. Die meisten, die schon länger mit Geistführern arbeiten, haben genauso viele Frauen wie Männer im Team. Hauptsächlich Anfänger bekommen einen männlichen Namen genannt, und das ist gesellschaftlich begründet. Viele haben »leider« immer noch das Bild in sich, dass Männer mehr beschützen oder Schutz geben, auch wenn es um Weisheit oder Unterrichten geht, ist immer noch unbewusst in uns verwurzelt, dass das Männer besser könnten als Frauen. Natürlich ist das absoluter Blödsinn, doch es ist einfach noch in vielen von uns drin. Schau bitte selbst, wenn du an einen Beschützer denkst, denkst du da eher an einen Mann oder an eine Frau? Wenn du an Weisheitslehrer denkst, kommen dir mehr Männer oder mehr Frauen in den Sinn? Es gibt natürlich genauso viele weise und starke Frauen wie Männer! Bei den Weisen bin ich sogar davon überzeugt, dass es mehr Frauen gibt als Männer, und doch sind viele von uns immer noch so geprägt.

Nachwort

Ich hoffe, es ist mir gelungen, dich deinem Geistführer näher zu bringen. Für mich war dieses Buch sehr spannend zu schreiben, da ich während des Schreibens die Geistige Welt noch einmal viel näher kennenlernen durfte. Es war unglaublich, wie nah mir die Geistführer beim Schreiben waren. Immer wenn ich nicht mehr wusste, was ich schreiben sollte, haben sie mich geführt und mir wieder wertvolle Tipps gegeben. Es ist einfach unglaublich schön zu wissen, dass wir geführt und geleitet werden, auch wenn es vielleicht manchmal anders ist, als wir uns das wünschen oder vorstellen. Als ich im Februar 2009 die Information erhielt, dass es doch gut wäre, ein Buch über Geistführer zu schreiben, war ich nicht so begeistert. Es gibt bereits sehr viele Bücher darüber, und ich spürte auch den Druck, nach zwei Büchern, die beide innerhalb kürzester Zeit Bestseller wurden, beim dritten an den Erfolg anzuknüpfen und wenn möglich, noch einmal eine Steigerung hinzubekommen. Ich schob das Schreiben immer weiter vor mich her und tröstete mich damit, dass der Abgabetermin beim Verlag noch weit weg war. Immerhin schrieb ich im Februar bereits das Vorwort. Doch dann kam eine lange Pause. So ab Anfang August schrieb sich dann das Buch fast von allein oder besser gesagt, mir kamen die Themen und Informationen einfach so in den Kopf. Ich fühlte, dass die Inspiration aus der Geistigen Welt enorm war, und das ließ mir auch die Ruhe, einfach dem Schreibfluss freien Lauf und alle Erwartungen loszulassen und einfach Freude daran zu haben, Kanal für die Geistige Welt zu sein. Das ist sonst ja auch meine Aufgabe, Medium/Kanal für die Geistige Welt zu sein und dadurch den Menschen, die es wünschen, jene, die offen sind dafür, Heilung zu geben.

Es ist nicht meine originäre Aufgabe, Bestseller zu schreiben, obschon ich zugeben muss, dass sich mein Ego, jenes Teil von mir, ohne das ich nicht ich wäre, sehr darüber freut, wenn die Bücher nicht nur gedruckt, sondern auch von vielen gelesen werden. Vor allem freut es mich, wenn das Buch dazu beitragen kann, dich deinem Geistführer näher und dadurch etwas Heilung in dein Leben zu bringen, wie auch immer diese aussehen mag. Wisse einfach, dass auch ich viel gezweifelt habe, auch ich habe mir immer wieder die Frage gestellt, ob ich mir das alles nur einbilde oder ob diese Welt, die Welt des Außersinnlichen real ist; und heute bin ich zu neunundneunzig Komma neun Prozent davon überzeugt, dass die Geistige Welt in vielen Dingen realer ist als unsere Welt. Doch ich weiß, wie schwierig es am Anfang ist, diese Sicherheit zu erhalten. Egal wie lange du auf diesem Weg bist, es werden immer Zweifel auftauchen, aber diese kommen nur aus deinem Verstand und nicht aus deinem Herzen. Den Verstand sehe ich als das größte Hindernis auf dem Weg zur Erkenntnis oder zur »Erleuchtung«. Aber wir befinden uns auf keinem Weg. Es gibt keinen Weg zur Erleuchtung, das ist die größte Illusion unseres Verstandes. Du bist in der Tiefe deiner Seele oder Brotteiges erleuchtet, du musst es nur erkennen. Dafür musst du nichts Besonderes machen. Deine Handlung ist nicht so wichtig. Wie Bruno Würtenberger einmal sagte: »Du kannst nicht erleuchtet werden, sondern nur erkennen, dass du es schon bist!« Wisse, du und dein Geistführer, ihr wart nie getrennt, sondern ihr wart immer eins, schließ die Augen und erkenne es *jetzt!*

Ich wünsche dir viel Freude mit dem Buch und noch mehr Freude mit deinem Geistführer, und wenn Zweifel aufkommen, verzweifle nicht, sondern lache und denke daran, das ist nur die Illusion deines Verstandes. Du bist nicht allein, jeder, der diesen Weg gegangen ist, hat die Zweifel kennengelernt und hat gelernt, sie hinter sich zu lassen, um bei den Geistführern und somit bei sich selbst anzukommen. Lass deine Zweifel und deinen Verstand los und dann bekommt der Satz: »Ich habe den Verstand verloren!« eine ganz andere Bedeutung. Ich kenne Menschen, die trainieren täglich, um den Verstand zu verlieren, ich gebe mir große Mühe, bald auch ohne Verstand dazustehen. Ich hoffe, dass auch du bald ohne Verstand dastehen wirst und dadurch erkennen kannst, wer du »wirklich« bist – reines göttliches Licht. Ich hoffe, ich konnte dir ein bisschen die Geistige Welt näherbringen – wenn mir das gelungen ist, dann freut mich das. Sollte es mir nicht gelungen sein, dann suche weiter, bis du jemanden findest, der dir die Geistführer und die Geistige Welt näherbringt. Denn dann habe ich mein Ziel noch nicht erreicht. Es gibt nicht und nie den perfekten Lehrer im Außen, den perfekten Lehrer gibt es nur in dir drin! Somit hast du alles, was du brauchst für eine erfolgreiche Zukunft! Jedenfalls bin ich dir unheimlich dankbar, dass du mein Buch gelesen hast, dass du mit mir auf diese Reise gekommen bist, und ich wünsche dir nur das Beste für dein Sein! Danke, mein lieber Leser, dass du bist, wie du bist! Danke für dein Sein!

Danksagung

Als Erstes möchte ich meinem Verlag, vor allem Sabine Giger, meinen Dank aussprechen. Danke, dass du mir immer wieder dein Vertrauen schenkst, und ich auch mein drittes Buch bei dir im Verlag herausbringen darf. Es ist für jeden Autoren das Wichtigste, einen Verlag im Rücken zu haben, der den Autor unterstützt und ihm die Möglichkeit gibt, sich zu entfalten. Auch deinem Vertreter Joe Fuchs möchte ich danken, ohne ihn würden sich meine Bücher nicht so gut verkaufen. Es freut mich sehr zu sehen, Joe, wie sehr du dich um meine Bücher kümmerst, obschon es nur ein kleiner Teil deines Sortiments ist. Danke für deinen unermüdlichen Einsatz.

Als Nächstes danke ich Bahar, dass du nicht nur mein privates Leben mit mir teilst, sondern auch mein berufliches. Mit dir durfte ich meinen Lebenstraum verwirklichen und das SoHam Center gründen. Danke für deine Liebe und dein Lachen, für deine motivierenden Worte, wenn ich sie brauche, und dass ich dich jeden Tag aufs Neue lieben und bewundern darf. Aus tiefstem Herzen danke ich meiner Mutter, du bist immer für mich da und unterstützt mich, wo immer ich Unterstützung brauche. Danke, dass du uns immer hilfst, wenn Not am Mann/Frau ist, und dass du Ruhe und Harmonie in unser Center bringst. Auch meiner Schwester und Mikael danke ich aus tiefstem Herzen, auf euch kann man sich immer verlassen, und es ist schön zu wissen, dass es euch gibt. Dominique, ich bin stolz auf dich. Pablo, dich werde ich nie vergessen, auch wenn ich im Moment sehr wenig Zeit für dich habe! Du bist und bleibst mein bester Freund! Danke für deine Geduld und dass du dein Leben jetzt *so* lebst! Großen Dank an Dunja, mit der ich alle Sorgen, die man so hat als Medium, teilen kann, da wir derselben Arbeit nachgehen, kannst du mich immer verstehen. Okay, wir verstehen uns nicht immer, aber immer öfter! Ein weiterer Dank geht an Arlette, danke für deine Hilfe und deinen unermüdlichen Einsatz, ich bin stolz darauf, dich unterrichten zu dürfen und dich als Mensch kennengelernt zu haben. Ein sehr großes Dankeschön an die Geistige Welt, ohne euch wäre ich heute auch nicht hier und ohne euch gäbe es dieses Buch nicht. Großes Danke an Michael Jackson, deine Musik hat mich inspiriert und während des ganzen Buches begleitet, mögest du in deinem wohlverdienten Frieden ruhen. Gottes Segen für dich und danke für die Inspiration. Mein Dank ist unbeschreiblich, Worte sind dafür zu klein, deswegen probiere ich es erst gar nicht.

Großen Dank an meine irdischen Lehrer, als Erstes möchte ich Steven Upton (UK) danken, ich denke, dir ist gar nicht bewusst, wie sehr du mich geprägt hast. Deine bescheidene und unkomplizierte Art ist für mich vorbildhaft, du hast tiefe Spuren bei mir hinterlassen. Ich danke auch meinen anderen Lehrern/Lehrerinnen, die mich fast von Anfang an begleitet haben: Andy (CH), Sabine (CH), Simone (UK), Collin (UK), Rowena (UK), Tim (UK) und Jean (UK). Ein besonderer Dank an Gyan (UK), und ich bete jeden Tag für deine Gesundheit. Du bist für mich ein Vorbild als Medium und als Heilerin. Bei keinem konnte ich so viel Liebe und Demut erkennen für die Geistige Welt und für die Mitmenschen wie bei dir. Gott soll dich segnen, wo immer du bist! Auf bald, so oder so.

Danken möchte ich auch noch den Menschen, die mir ihre Geschichte mitgeteilt haben, von denen ich hier einige veröffentlichen durfte. Danke natürlich auch an alle Leser/Leserinnen, Klienten, Kursteilnehmer/-teilnehmerinnen und an alle, die ich in meinem Leben kennenlernen durfte. Ohne euch wäre ich auch nicht da, wo ich heute bin, denn ihr gebt mir erst den Sinn meiner medialen Arbeit, ohne euch würde meine Arbeit nur sehr wenig Sinn machen. Danke aus tiefstem Herzen für all das.

Kontakt

Falls du mich einmal live erleben möchtest, findest du alle Informationen auf meiner Homepage:
  www.pascal-voggenhuber.com
Dort findest du Infos, wie du dich für Einzelberatungen anmelden kannst sowie alle Veranstaltungen, Buchtourneen und Vorträge.

Bei Fragen zu Seminaren, Einzelberatungen oder Booking melde dich bei mir im Büro:
  Spirit Messenger GmbH
  Bahnhofstraße 23
  CH-4450 Sissach
  www.pascal-voggenhuber.com

Bei Fragen zur Organisation für Vorträge, Buchvorstellungen, Medientermine bitte melden bei:
  Giger Verlag
  Sabine Giger
  Telefon: ++41 (0) 55 442 68 48
  www.gigerverlag.ch

Bewusstsein als Weg aus der Krise

Allegria

NEALE DONALD WALSCH
Der Sturm vor der Ruhe
320 Seiten
€ [D] 18,00 / € [A] 18,50
sFr 24,90
ISBN 978-3-7934-2234-1

Arabische Revolution, *Wirtschaftskrise, Atomkatastrophe – die globale Veränderung ist unausweichlich. Die Menschheit steht vor einer Prüfung. Wir können dabei einfach nur zuschauen oder uns aktiv an der Gestaltung einer neuen Welt beteiligen. Walschs Buch ist eine Aufforderung zum Handeln, zur Kommunikation und Vernetzung der Menschheit.*

Der Super-
bestseller aus
Brasilien

Allegria

AUGUSTO CURY
Der Traumhändler
272 Seiten
€ [D] 16,99 / € [A] 17,50
sFr 23,90
ISBN 978-3-7934-2231-0

Was wäre, wenn jemand uns heute
die christliche Botschaft vorlebte – würden
wir ihm folgen? Ein geheimnisvoller Mann
streift durch die Straßen der Großstadt
und verkauft Träume an Menschen, die es
längst nicht mehr wagen zu träumen.
Ein Betrüger? Ein Psychopath? Ein Weiser?
Ein Philosoph?

Wünsche visualisieren, Träume verwirklichen

BRIAN MAYNE
Goal Mapping
192 Seiten
€ [D] 12,99 / € [A] 13,40
sFr 18,50
ISBN 978-3-548-74550-3

Goal Mapping zeigt auf, wie wirkungsvoll die Rolle des Unbewussten bei der Erreichung von Lebenszielen ist. Es beruht auf alter Weisheit und moderner Lerntechnik. Die Einzigartigkeit dieser Manifestationstechnik besteht in der Arbeit mit Bildern: der Sprache des Unbewussten. Goal Mapping hilft dem Leser bei der Visualisierung seiner Wünsche durch eine einfache, überall einsetzbare Methode.

Lebenshilfe
kompakt

RENATO MIHALIC
Das Geheimnis der Mujas
Meditationen für ein
neues Bewusstsein
160 Seiten
€ [D] 8,99 / € [A] 9,30
sFr 12,50
ISBN 978-3-548-74549-7

Die altägyptischen Mujas sind spezielle
Kombinationen von Finger- und Handstellungen
sowie Akupressurpunkte, die verschiedene energeti-
sche Systeme miteinander verbinden. Sehr leicht und
überall sofort anwendbar, verhelfen diese Werkzeuge
dem Menschen zu mehr Klarheit und Wohlsein.
Darüber hinaus unterstützen sie ihn, sich feiner auf
sich selbst auszurichten, sich dem »Jetzt-Augenblick«
hinzugeben und neue Lösungen zu finden.